Guida alla programma

I0015918

Corso completo per imparare a programmare
in poco tempo

Giuseppe Ciaburro

Dedicato ai miei figli Luigi e Simone e a mia moglie Tiziana

Copyright

Guida alla programmazione con Python
Autore: Giuseppe Ciaburro
giuseppe.ciaburro@gmail.com

Sommario

Capitolo primo
Introduzione

Python rappresenta un linguaggio di scripting interpretato, dove il termine interpretato ci dice che un'applicazione sarà eseguita senza che la stessa necessiti preventivamente di essere compilata. Python adotta il paradigma di programmazione a oggetti, attraverso il quale sarà possibile creare applicazioni moderne e flessibili; in ambiente Python tutto rappresenta un oggetto che potrà essere riusato per specifiche esigenze.

Le origini

Lo sviluppo di Python inizia nel 1989 al National Research Institute for Mathematics and Computer Science (CWI) di Amsterdam per opera di Guido Van Rossum, che vi lavora come ricercatore. L'idea è di implementare in maniera più efficiente i concetti alla base di ABC (All Basic Code), un linguaggio di programmazione pensato per essere facilmente appreso e utilizzato da persone che non avessero alcuna esperienza o conoscenza di progettazione e sviluppo software. L'occasione nacque dall'esigenza del gruppo di lavoro cui Van Rossum partecipava, di avere a disposizione un linguaggio di scripting per Amoeba, un prototipo di sistema operativo distribuito al quale stavano lavorando.

C'è da precisare che il nome che Van Rossum attribuì al linguaggio non aveva niente a che vedere con il rettile che tanto terrore ha disseminato sulla terra. Il nome fu il frutto di un'intera nottata a pensare ad un nome che fosse corto, unico e originale; alla fine fu evidentemente ispirato da una serie televisiva che la BBC trasmetteva agli inizi degli anni 70 "The Monty Python's Flying Circus". Sulla nascita del linguaggio l'autore tiene a precisare: *"Nel dicembre del 1989, ero alla ricerca di un progetto di programmazione per tenermi occupato durante le vacanze natalizie. Il mio ufficio... sarebbe stato chiuso, e non avrei avuto altro tra le mani che il mio computer di casa. Allora decisi di scrivere un interprete per il nuovo linguaggio di scripting che avevo in mente di recente un discendente del linguaggio ABC"*.

Van Rossum diede inizio realizzando un semplice parser e una rudimentale macchina virtuale, riciclando le parti migliori di ABC. La prima release del linguaggio fu resa pubblica nel Febbraio del 1991 e, per un lungo periodo, lo sviluppo di Python fu eseguito nei laboratori del CNRI a Reston negli Stati Uniti. Nel giugno del 2000, il team di sviluppo di Python si trasferì alla PythonLabs, un'organizzazione facente parte del network BeOpen, con il compito di sviluppare il linguaggio Python. Tale team annoverava tra gli sviluppatori anche il suo ideatore Guido Van Rossum. Il 27 ottobre 2000 l'intero PythonLabs Team lasciò BeOpen.com a causa di alcuni disaccordi reciproci in merito al futuro di Python. Il team lavorò in seguito per Digital Creations creando il framework Zope e Guido Van Rossum fondò un'organizzazione non-profit chiamata Python Software Foundation (PSF), al fine di curare gli sviluppi futuri di Python.

Figura 1.1 – Le versioni di python nel tempo.

Python è stato scritto interamente in C, dal quale eredita la potenza che, unita a una sintassi molto semplice, fa di Python uno dei linguaggi ad alto livello, tra i più efficienti e allo stesso tempo semplici da apprendere. Python appartiene alla categoria dei linguaggi interpretati, al contrario del C, infatti, i sorgenti non vengono compilati, ma eseguiti da un apposito programma chiamato interprete.

Nella maggior parte delle distribuzioni di Linux l'interprete è già incluso, per gli utenti Windows, invece, è necessario scaricarlo dal sito ufficiale www.python.org, ove è possibile trovare una ricca documentazione in inglese. Durante l'installazione saranno copiati sul nostro hard disk, l'interprete, un ottimo editor (IDLE) e una ricca dotazione di librerie (moduli).

Queste ultime spaziano ogni ambito: dal web alle GUI (Grafical User Interface), dai gestionali ai videogiochi. Fatte queste premesse, iniziamo ad analizzare il linguaggio vero e proprio, in altre parole la sua sintassi e le sue regole. Ricordiamo a tal proposito che per eseguire un programma in Python è sufficente creare un file testuale, con un qualsiasi text editor, scrivere il codice sorgente, salvarlo in un file con estensione ".py" ed eseguire il file ottenuto come una normale applicazione. Se stiamo scrivendo un programma con interfaccia grafica, e non vogliamo che sia aperta inutilmente la console, possiamo dare al file l'estensione .pyw.

Linguaggi compilati e linguaggi interpretati

Come già anticipato Python rappresenta un linguaggio interpretato, nel senso che per essere eseguito non richiede una preventiva compilazione, come invece avviene per la maggior parte dei linguaggi di programmazione, ma è sufficiente che sia presente un interprete che traduca le istanze e le trasformi in linguaggio comprensibile all'utente.

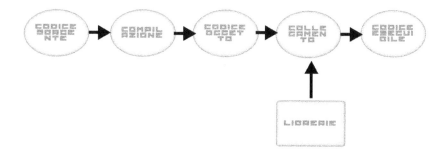

Figura 1.2 – Compilazione e collegamento di un codice sorgente.

Cosa diversa accade nel caso si utilizzi un linguaggio di programmazione compilato, quale ad esempio il fortran; in tali condizioni affinchè un programma possa essere utilizzato, è necessario che sia compilato, operazione questa tesa all'ottenimento di un file eseguibile.
Una volta realizzato il file eseguibile, dalla sua esecuzione sarà possibile ricavare quelle informazioni che stavano alla base della sua progettazione.

Linguaggi compilati

Un compilatore è un programma che trasforma una serie d'istruzioni, scritte utilizzando uno specifico linguaggio di programmazione che è definito codice sorgente, in istruzioni in un altro linguaggio detto codice oggetto. Questo processo di trasformazione è detto compilazione. Possiamo quindi dire che attraverso la compilazione, il programma, scritto in un linguaggio di programmazione ad alto livello, è tradotto in un codice eseguibile per mezzo di un altro programma detto appunto compilatore.

Se tutti i compilatori riguardanti dei determinati linguaggi di programmazione, seguissero in modo preciso le specifiche del linguaggio stesso, un programma potrebbe essere compilato da ciascun compilatore, producendo risultati esattamente uguali. In questo modo i programmi ottenuti sarebbero in grado di fornire un medesimo risultato, nel caso d'input uguali. Spesso nella pratica ciò non accade, e molti compilatori implementano il linguaggio in modo incompleto, creando risultati differenti, nel caso di compilazione sotto il medesimo input.

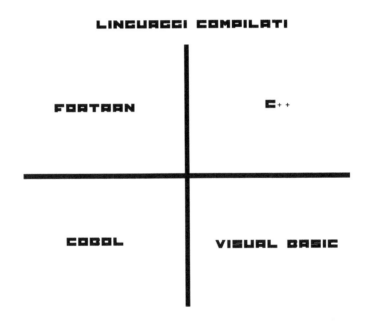

Figura 1.3 – Esempi di linguaggi compilati.

I moderni compilatori eseguono l'operazione di compilazione in due fasi:
- **front end** - in questa fase il compilatore traduce il codice sorgente in un linguaggio intermedio;
- **back end** - in questa fase avviene la generazione del codice og-

getto.

Nella fase di front-end sono eseguite le operazioni seguenti:
- analisi lessicale - il codice sorgente è diviso in sezioni elementari dette token attraverso l'utilizzo di un analizzatore lessicale;
- analisi sintattica - i token generati nel passo precedente vengono sottoposti ad un controllo sintattico, eseguito con l'utilizzo della grammatica fornita dalle specifiche del linguaggio;
- analisi semantica - con questa operazione si controlla il significato delle istruzioni presenti nel codice sorgente;
- infine è generato il codice intermedio a partire dall'albero di sintassi ottenuto attraverso l'analisi lessicale.

Nella fase di back-end invece vengono effettuate le operazioni seguenti:
1) ottimizzazione del codice intermedio;
2) generazione del codice in linguaggio macchina.

Inoltre, nella pratica comune, i programmi implementati fanno massiccio uso di librerie oppure, trattandosi di un progetto complesso, si compongono di moduli software; in tali casi elementi quali librerie e moduli, devono essere collegati ai programmi principali. Tale procedura è detta di linking. Lo strumento che si occupa di fare questo è detto appunto linker o collegatore, e il suo lavoro consiste nel risolvere le interconnessioni tra i diversi moduli.

I collegamenti possono essere di due tipi:
1) statico;
2) dinamico.

Nel collegamento statico tutti gli elementi del progetto, siano essi moduli o librerie sono inseriti nell'eseguibile, che in questo modo assume dimensioni significative, ma d'altra parte diviene indipendente in quanto contiene l'essenziale per la sua esecuzione.

Il problema di una tale procedura risiede nel fatto che una qualsiasi modifica a uno degli elementi singoli del progetto lo vanifica e ne impone un nuovo collegamento.

Nel collegamento dinamico gli elementi da collegare al programma principale, siano essi moduli o librerie, sono caricati dal sistema operativo quando necessario.

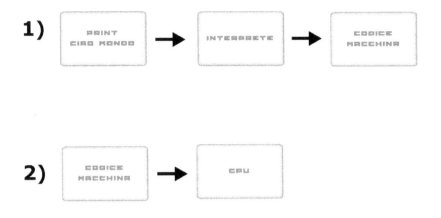

Figura 1.4 – Processo di compilazione

Tale tipo di collegamento detto anche linking dinamico fa uso di librerie esterne, le quali sono dette:

- DLL (Dynamic-link libraries) in ambiente Windows,
- SO (Shared Object) in ambienti Unix.

Il file eseguibile ottenuto attraverso questo tipo di collegamento, diè più compatto, ma il suo corretto funzionamento presuppone la presenza delle librerie previste.

Il collegamento dinamico, quindi, presenta i seguenti vantaggi:

- garantisce un'agevole aggiornamento delle librerie senza la necessità di ricollegare i programmi;
- permette la condivisione delle stesse librerie da parte di più progetti;
- consente la creazione di piccoli programmi che riducono la memoria ram occupata e fanno uso di librerie presenti nel sistema operativo.

Il processo di esecuzione del programma rappresenta il passo finale di tutto il procedimento e consiste appunto nel lancio del programma e nella verifica dei risultati ottenuti.

A prima vista potrebbe sembrare la cosa più semplice, se non fosse altro perché in questa fase si raccolgono i frutti del lavoro effettuato finora; ma in realtà spesso rappresenta quella più difficile poiché è proprio attraverso l'esecuzione del codice eseguibile creato che si determinano gli eventuali errori commessi nella stesura del programma.

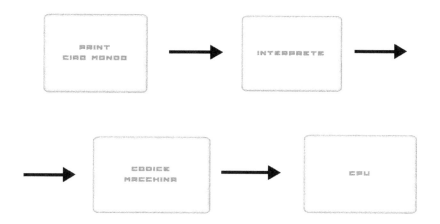

Figura 1.5 – Processo di interpretazione del codice

In tale fase si rendono particolarmente utili alcuni programmi, che ci aiutano nell'individuazione di tali errori, che sono detti debbugger.

Linguaggi interpretati

Il linguaggio interpretato è collegato a un programma interprete che ha il compito di tradurre il codice sorgente in fase di esecuzione eseguendo così i calcoli e le chiamate di sistema. Questa procedura d'interpretazione del codice sorgente deve essere ripetuta ogni volta che il codice è eseguito e, quindi, richiede la presenza continua dell'interprete sulla macchina. Per questo motivo i linguaggi interpretati producono codice in generale più lento di quello generato dai linguaggi compilati con l'aggravante di avere accesso limitato al sistema operativo e all'hardware sottostante. Di contro, si presentano più facili da programmare e più veloci nel rilevamento degli errori di codifica rispetto ai linguaggi compilati.

La nascita dei linguaggi interpretati si deve all'esigenza, sempre più crescente, di cercare di eliminare la dipendenza del linguaggio dalla piattaforma, quello che comunemente è identificata come portabilità del codice. Abbiamo visto quale sia la procedura attraverso la quale il codice sorgente è trasformato in codice eseguibile nei linguaggi interpretati; l'unico inconveniente è che attraverso tale procedimento il codice resta vincolato al tipo di macchina che ha eseguito la compilazione. Con i linguaggi interpretati ci si basa soltanto su librerie compilate, che sono identificate come componenti e risultano si dipendenti dalla piattaforma, mentre il codice è interpretato al momento di esecuzione, e quindi non c'è la necessità di una compilazione su ogni tipologia di macchina su cui è eseguito.

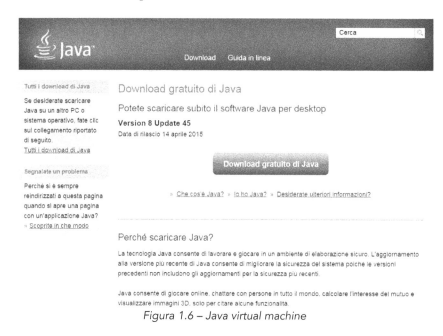

Figura 1.6 – Java virtual machine

Abbiamo già accennato al grosso difetto di questi linguaggi che è rappresentato dalla lentezza dell'esecuzione; la perdita di prestazioni è essenzialmente dovuta al doppio lavoro che la macchina è costretta a eseguire, infatti, per tali linguaggi ogni istruzione è dapprima interpretata, quindi trasformata in linguaggio macchina e infine eseguita. Tutto questo si ripete a ogni esecuzione del codice.

Tale problema è compensato dalla riusabiltà del codice su più piattaforme. Siamo così arrivati alla caratteristica essenziale dei linguaggi interpretati e cioè la portabilità del codice. Allora si utilizzano i linguaggi interpretati quando si vuole velocizzare la messa a punto di un codice, grazie alla possibilità di evitare le lente e laboriose compilazioni oppure nel caso di programmi che non richiedano grossi sforzi di elaborazione alla cpu ma che richiedono invece la portabilità. Esempi di linguaggi intepretati sono numerosi tra i linguaggi di scripting e orientati al Web. PHP, Perl, Tcl/Tk, JavaScript, Python sono validi esempi di come si possa costruire del codice con ottime prestazioni non vincolato alla piattaforma.

Nel tentativo di migliorare le prestazioni del codice scritto in un linguaggio interpretato, e di avvicinarlo così alle performance di quello realizzato con linguaggio compilato, si è implementato un linguaggio per così dire intermedio, una sorta di semi-interpretazione, come nel caso di Java. Il tutto è stato possibile grazie alla compilazione del codice Java in un linguaggio intermedio detto bytecode, basato su istruzioni semplificate che riproducono il linguaggio macchina. Il bytecode così generato sarà eseguito da una macchina virtuale presente sulla macchina in esecuzione.

Python Feature

Le caratteristiche peculiari di Python lo rendono un linguaggio di programmazione soprattutto semplice, il suo utilizzo si apprende in pochi giorni, senza presentare grosse difficoltà grazie ad una sintassi snella e davvero pratica; in aggiunta presentando a corredo un numero davvero corposo di librerie incluse nella distribuzione ed integrabili con quelle installabili, si rende possibile, come già anticipato realizzare i nostri programmi in brevissimo tempo.

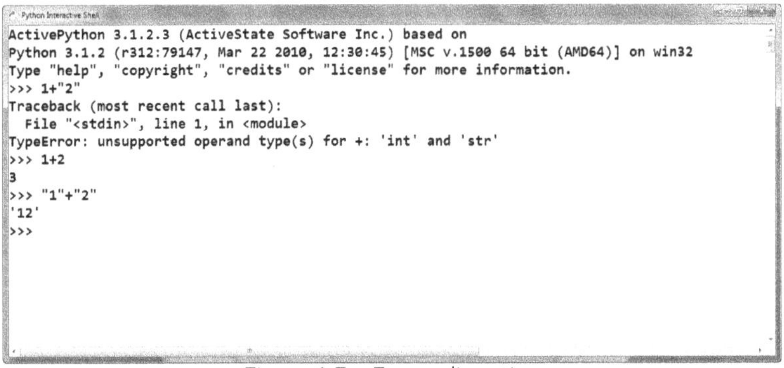

```
Python Interactive Shell
ActivePython 3.1.2.3 (ActiveState Software Inc.) based on
Python 3.1.2 (r312:79147, Mar 22 2010, 12:30:45) [MSC v.1500 64 bit (AMD64)] on win32
Type "help", "copyright", "credits" or "license" for more information.
>>> 1+"2"
Traceback (most recent call last):
  File "<stdin>", line 1, in <module>
TypeError: unsupported operand type(s) for +: 'int' and 'str'
>>> 1+2
3
>>> "1"+"2"
'12'
>>>
```

Figura 1.7 – Errore di runtime.

Python si presenta particolarmente dinamico, un esempio è fornito dal fatto che le variabili possono essere tranquillamente utilizzate senza la necessità di dichiararne il tipo, sarà allora l'interprete in grado di identificarle; tutto questo però senza perdere in precisione poiché le operazioni non consentite tra tipi diversi provocheranno un errore, cioè non potrà mai accadere, in modo più o meno nascosto, che un valore di un certo tipo venga utilizzato come se fosse di tipo diverso (strong typing).

Grazie a questo un'operazione del tipo 1+"2" (somma di un numero e di una stringa) determinerà un errore di runtime, diversamente da linguaggi come php o perl che invece non permettono un controllo analogo.

In Python è possibile manipolare le classi e i metodi a runtime, cioè possono essere aggiunti, cancellati o modificati. In questo modo molte delle cose che negli altri linguaggi rappresentano delle strutture complesse possono in Python costituire dei semplici metodi; è altresì possibile aggiungere classi e metodi personalizzati, creando dei Domain Specific Language (DSL). Un Domain Specific Language è un minilinguaggio adatto ad uno specifico problema, l'ideale sarebbe avere un linguaggio per ogni scopo, ma senza il problema di doverlo ogni volta imparare da zero.

Python è perfetto per la costruzione di semplici DSL da utilizzare all'interno della propria applicazione, grazie alla sua sintassi e alle sue funzionalità di metaprogrammazione.

Figura 1.8 – Esempio di classe Python.

Abbiamo già specificato che Python è totalmente Object Oriented, questo si traduce nel fatto che in Python tutto è un oggetto.

In tale aspetto riesce a surclassare il linguaggio a oggetti per eccellenza e cioè Java perché in Python non esiste nessuna distinzione tra tipi base e oggetti, allo stesso tempo la programmazione orientata agli oggetti in Python non è né invasiva né fastidiosa, e ciò è dovuto alla sua maggior purezza.

Una caratteristica particolarmente gradita dai programmatori Python è stata la possibilità di utilizzare i cosiddetti blocchi che rappresentano una feature non comune nei linguaggi più diffusi e che permettono di rappresentare diversi problemi, anche molto diversi tra loro, con modalità chiare e significative.

Figura 1.9 – Python su MacOs.

Il Python è amato, allo stesso modo, dai programmatori professionisti che ne apprezzano le caratteristiche più avanzate, e dai principianti perché si presenta particolarmente adatto a essere imparato come primo linguaggio. Infatti, grazie alla sua semplicità, è possibile apprendere le nozioni di base della programmazione, senza doversi preoccupare di innumerevoli convenzioni e aspetti non strettamente legati alla realizzazione degli algoritmi numerici.

Inoltre Python si presenta efficacemente espressivo poiché fornisce molte strutture dati e tipi built-in (i tipi built-in rappresentano dei tipi già definiti all'interno del linguaggio); esempi sono:
- dict,
- liste,
- regexp,
- numeri interi di dimensione arbitraria.

Le classi in Python presentano un'interfaccia molto dettagliata, che determina una semplicità nell'utilizzo nelle operazioni comuni.
Una caratteristica che ha determinato il successo di Python nel panorama mondiale della programmazione è stata la sua estrema portabilità;

esistono versioni di Python per piattaforma Linux (suo ambiente naturale visto che qui è stato sviluppato), per sistemi operativi Unix-like, Mac
OS e Windows in tutte le sue versioni. La versatilità di Python si manifesta nella sua interezza nel momento che esiste una versione di Python
anche per l'obsoleto sistema operativo con interfaccia orientata ai caratteri MS-DOS.

Ma lo sviluppo di Python non si ferma alle piattaforme appena viste
poichè si estende a quelle che oggi vengono diffusamente utilizzate
per la programmazione dei cellulari, di navigatori satellitari e
quant'altro. Infine, ma non per ultimo, Python può essere utilizzato su
Java e nella .NET virtual machines.

Figura 1.10 – Sito ufficiale Python.org.

Il software

Vediamo innanzitutto, dove recuperare il software da installare sulla nostra macchina per iniziare a programmare con Python. I pacchetti che
dovremo installare sono disponibili sul sito ufficiale del linguaggio al
seguente url:

```
http://www.python.org/
```

Naturalmente prima di scaricare le versioni del software dovremo in-
formarci sul tipo di macchina a nostra disposizione e sul sistema opera-

tivo su di essa installato. Ricordiamo però che Python è disponibile in pratica per tutti i sistemi operativi in circolazione.

L'interprete Python consentirà la traduzione del nostro codice in un linguaggio comprensibile al nostro computer che gli permetterà di eseguire le istruzioni in esso contenute. Nel periodo di stesura di questo libro, la versione corrente dell'inteprete Python è la 3.1.2 che rappresenta quella stabile ed è per questo che negli esempi che ci accompagneranno nei capitoli successivi, ci riferiremo a tale versione.

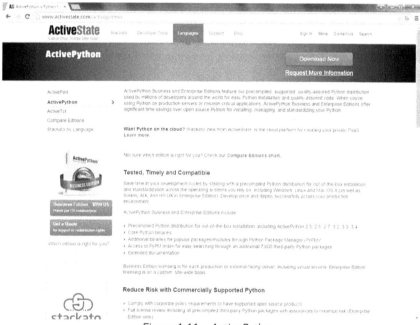

Figura 1.11 – ActivePython.

Possiamo tranquillamente scaricare il software dalla rete, in quanto la programmazione con Python è tutta open source e quindi liberamente scaricabile da internet, dove possiamo trovare dei siti che oltre a fornire procedure dettagliate per il download della versione corrente del software forniscono anche una soddisfacente documentazione.

Installazione su Windows

In informatica, l'installazione è la procedura di copia sulla macchina e di configurazione di un software. Generalmente il software è distribuito sotto forma di pacchetto di file compressi che comprende un'interfaccia che ne facilita e automatizza l'installazione (installer).

L'installazione crea delle cartelle sul disco, dove sono contenuti tutti i file utilizzati per la configurazione del programma, i collegamenti per facilitarne l'esecuzione e scrive i necessari parametri di configurazione.

Di seguito analizzeremo le procedure d'installazione del software appena menzionato, analizzando in particolare la procedura dettagliata relativa a una macchina amd con sistema operativo Windows. Si è deciso di procedere con questa simulazione perché su macchine Linux il pacchetto Python è di solito già presente; semmai sarà necessario solo procedere a un aggiornamento alla versione più recente.

Il linguaggio Python supporta il sistema operativo Windows, anzi le performance che manifesta sono a dir poco eccellenti, anche se il sistema nativo del Python è come sappiamo Linux.

Figura 1.12 - ActivePython Download.

Ci sono essenzialmente due modi per installare Python, entrambi sono piuttosto veloci e sfruttano la possibilità che offrono tutti gli applicativi Windows di utilizzare delle procedure d'installazione automatizzate, i cosiddetti installer, attraverso i quali la fase d'installazione del software si riduce da parte dell'utente alla necessità di dover cliccare, una serie di volte su dei pulsanti con la scritta avanti.

In questo caso la cosa è particolarmente vantaggiosa poiché con un solo file si riesce a installare tutto il software necessario, per essere immediatamente operativi.

Nel primo metodo utilizzeremo il pacchetto distribuito dalla ActiveState denominato ActivePython che produce un'installazione Windows per Python che comprende una versione completa di Python, un IDE (integrated development environment, in italiano ambiente integrato di sviluppo che aiuta i programmatori nello sviluppo del software), con un editor capace di riconoscere codice Python e quindi di evidenziare i token, più alcune estensioni di Windows per Python che consentono un accesso completo ai servizi specifici di Windows, alle sue API ed al suo registro. ActivePython è liberamente scaricabile, tuttavia non è open source. Rappresenta un ottimo pacchetto completo che ci permette di accedere all'interprete in modo agevole e senza difficoltà; l'unica nota di demerito può essere rappresentata dal fatto che l'installer di Active-Python di solito è indietro di alcuni mesi nell'aggiornamento rispetto ai rilasci delle nuove versioni di Python.

Per il secondo metodo invece utilizzeremo il pacchetto disponibile sul sito ufficiale del linguaggio già segnalato in precedenza; anche in questo caso utilizzeremo un installer che sarà in grado di installare sulla nostra macchina sia l'interprete sia la Python Gui.

ActivePython

Vediamo allora come recuperare il software che ci occorre per procedere con l'installazione; per scaricare il pacchetto basterà collegarsi al sito della ActiveState disponibile al seguente url:

```
http://www.activestate.com/activepython/
```

Dopo una schermata introduttiva nella quale sono presentate le caratteristiche del pacchetto e dove trovare idonea documentazione, nella parte bassa della finestra sarà possibile scegliere la distribuzione compatibile con la nostra macchina, selezionandola in una lista davvero ricca che annovera le seguenti distribuzioni:
- Windows x86
- Linux x86
- Linux x86_64
- Mac OS X (Universal)
- Solaris 8 SPARC
- Solaris 8 SPARC (64-bit)
- Solaris 10 x86
- AIX PowerPC
- HP-UX PA-RISC

Una volta scelta la piattaforma riguardante la nostra macchina cliccando sul relativo collegamento ipertestuale partirà il download, alla fine del quale potremo trovare il file `ActivePython-3.1.2.3-win32-x86.msi` sul nostro hard disk.

A questo punto basterà cliccare due volte sul file, per attivare la procedura d'installazione che sarà totalmente automatizzata, ci dovremo semplicemente limitare ad assistere da spettatori se non seguire le istruzioni dell'installer.

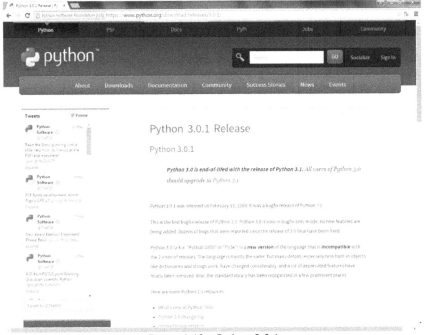

Figura 1.13 – Python 3.0.1.

Se abbiamo poco spazio sull'hard disk, potremo effettuare un'installazione personalizzata ed escludere la documentazione, ma non risulta particolarmente raccomandabile a meno che non siate già dei guru del linguaggio e quindi non abbiate bisogno di un aiuto.

Una volta completata l'installazione, chiuderemo l'installer e apriremo l'interfaccia dell'interprete Python attraverso il seguente percorso:

```
Start->Programs->ActiveState ActivePython 3.01.->PythonWin IDE
```

Da questo momento potremo iniziare ad interagire con l'ambiente integrato appena installato.

Python.org

Se intendiamo procedere all'installazione della versione ufficiale, come sempre l'operazione preliminare da effettuare è quella di collegarsi al sito della distribuzione, nel nostro caso in corrispondenza del seguente url:

```
http://www.python.org/
```

Selezionare dal menu di navigazione la voce download e quindi scegliere la distribuzione tra quelle più recenti, come già accennato, sceglieremo la versione 3.1.2, per la quale avremo una serie di distribuzioni in funzione della piattaforma adottata.

Nel nostro caso prediligeremo l'installer di Windows e dopo aver cliccato sulla voce relativa (Python 3.0.1 Windows installer), partirà il download, alla fine del quale avremo sul nostro hard disk il seguente file: python-3.1.2.msi.

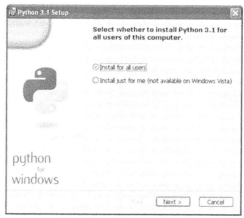

Figura 1.14 – Installazione di Python 3.1.

Allora basterà cliccare due volte sul file per iniziare la procedura, attraverso la quale seguendo le istruzioni dell'installer, assisteremo all'installazione dell'interprete Python sul nostro computer. Nel caso non avessimo spazio sufficiente, potremmo deselezionare il file HTMLHelp, gli script di utilità (Tools/) e/o la raccolta di test (Lib/test/), ma anche in questo caso il consiglio è di installare tutto.

Se non si dispone dei diritti di amministratore sulla macchina, potete selezionare le opzioni avanzate (Advanced Options ...) e selezionare l'installazione per non-amministratori (Non-Admin Install). Questo va a influire solo sulla posizione delle chiavi nel registro e sulla creazione delle scorciatoie dei menu.

Una volta completata l'installazione, e dopo aver chiuso l'installer potremo avviare l'interprete Python attraverso il seguente percorso:

```
Start > Programs > Python 3.1 > IDLE (Python GUI)
```

Da questo momento potremo iniziare ad interagire con l'ambiente integrato appena installato.

Installazione su Mac Os

In ambiente Mac le cose sono ancora più semplici, e questo è dovuto al fatto che nelle versioni recenti del Mac OS X, una versione di Python è già installata con il sistema operativo. Per verificarlo e per avere informazioni sulla versione che è attualmente installata basta aprire l'applicazione Terminale (attraverso il seguente percorso: `Finder>Applicazioni>Utility>Terminale`) e digitare il comando `Python -V`.

Figura 1.15 – La finestra applicazioni in Mac Os.

Ad esempio se ci troviamo su Mac Os X versione 10.4.11 la finestra di terminale ci risponderà con qualcosa di simile:

```
Last login: Mon Jul 19 15:31:39 on ttyp1
Welcome to Darwin!
```

```
Mac-Giuseppe:~giuseppe$ Python -V
Python 2.3.5
```

A dimostrazione del fatto che la versione attualmente installata sul Mac in uso è la 2.3.5. Anche se si desidera installare una versione più recente di Python, è importante lasciare questa versione, questo perché Python è utilizzato in varie parti del sistema operativo e quindi la sua rimozione pregiudicherebbe il normale funzionamento della macchina. Vediamo allora come aggiungere a questa una versione più recente; per farlo basterà visitare il sito al seguente url:

```
http://www.python.org/download/
```

e scaricare la versione più recente disponibile, facendo attenzione a selezionare la versione corretta per il nostro sistema operativo. Al momento di stesura di questo libro la versione più recente è:

```
Python 3.1.2 Mac OS X Installer Disk Image (for Mac OS X 10.3 through 10.6)
```

che rappresenta l'immagine del disco Python-OSX, fatto questo se il vostro browser non l'ha già fatto, cliccate due volte su MacPython-OSX-3.1.2.dmg per fare il mount dell'immagine del disco sul vostro desktop.

Da questo momento in poi basterà seguire le indicazioni di seguito riportate:

- Fate doppio click sul programma d'installazione, Python.pkg.
- Il programma d'installazione vi richiederà il nome utente e la password dell'amministratore.
- Seguite le istruzioni del programma d'installazione.
- Dopo che l'installazione è stata completata, chiudete il programma d'installazione ed aprite la cartella Applicazioni.
- Aprite la cartella Python 3.1.2.
- Fate doppio click su IDLE per lanciare Python.

Ricordiamo infine che seguendo la procedura appena indicata, avremo aggiunto una versione più recente alla versione già a corredo del sistema operativo, ciò per ribadire che in questo modo saranno presenti due versioni.
Per avviare la versione più recente sarà necessario aprire la cartella Python 3.1.2 presente nella cartella Applicazioni e cliccare sull'icona dell'idle di Python.

Figura 1.16 – Installazione di Python su Mac Os.

Installazione su Linux

Nella maggior parte delle installazioni Linux, è già presente un interprete Python. È possibile verificare se questo è vero anche nel nostro caso, eseguendo il comando Python nel prompt di Linux:

```
$ python
```

L'esecuzione di questo comando dovrebbe avviare l'interprete interattivo di Python, con un output simile a quello di seguito riportato:

```
Python 2.4.3 (#2, Apr 27 2006, 14:43:58)
[GCC 4.0.3 (Ubuntu 4.0.3-1ubuntu5)] on linux2
Type "help", "copyright", "credits" or "license" for more information.
>>>
```

Da questo momento in poi potremo iniziare a utilizzare Python in modalità interattiva; per uscire dall'interprete basterà digitare la combinazione di tasti ctrl + d. Se al contrario l'interprete Python non è installato, probabilmente si otterrà un messaggio di errore simile al seguente:

```
bash: python: command not found
```

Anche se è difficile che nelle nuove versioni di Linux non sia presente una versione dell'interprete visto il massiccio uso che le applicazioni Linux fanno di Python.

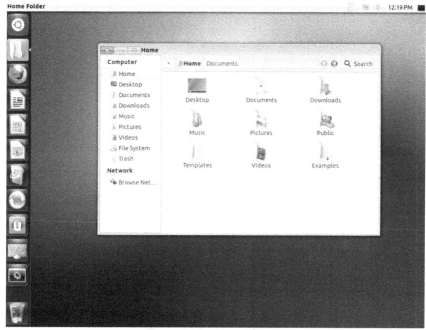

Figura 1.17 – Linux Ubuntu.

Comunque nel caso non fosse presente, sarà necessario installarlo; allora avremo a disposizione due possibilità:
1) utilizzare un Package Manager;
2) compilare il programma dai file sorgente.

Nel primo caso le cose saranno molto semplici e immediate, infatti, basterà autenticarsi con i privilegi di amministratore e utilizzare uno dei programmi a corredo di Linux per installare la versione più recente di Python.

Ad esempio su una distribuzione Debian basterà digitare:

```
$ apt-get install python
```

mentre su una distribuzione Gentoo Linux:

```
$ emerge python
```

ed infine su ubuntu:

```
$ sudo apt-get install python
```

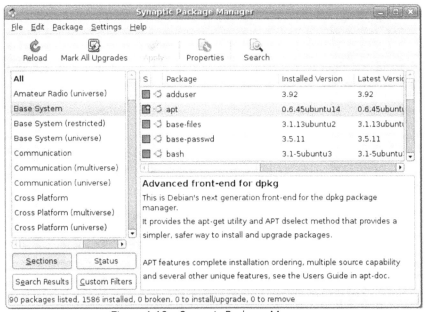

Figura 1.18 – Synaptic Package Manager.

Vediamo ora invece come installare Python facendo uso dei file sorgen-te e compilandoli sulla nostra macchina. Se non si dispone di un gesto-re di pacchetti, o piuttosto non se ne fa uso, è possibile compilare Python per ottenere una versione fatta da noi. Questa può essere una scelta obbligata ad esempio, se ci si trova su una macchina UNIX, senza l'accesso come root.

Questo metodo è molto flessibile, e consente di installare Python o-vunque si desideri, anche nella nostra home directory. Per compilare e installare Python, basterà seguire i seguenti passaggi:

- visitare il sito al seguente url: `http://www.python.org/download/`;
- seguire le istruzioni per scaricare i sorgenti;
- scaricare il file con estensione. Tgz. e salvare in una posizione temporanea. Ipotizzando che si desideri installare Python nella nostra home directory, si consiglia di metterlo in una directory con nome ~ / `python`;
- spostarsi in questa directory (ad esempio, utilizzando il comando cd ~ / Python);
- scompattare l'archivio con il comando `tar -xzvf Python-3.1.2.tgz`

(dove 3.1.2 è il numero della versione del codice sorgente scaricato);

- se la nostra versione di tar non supporta l'opzione z, sarà possibile decomprimere l'archivio con il comando gunzip prima, per poi utilizzare il comando tar -xvf. Se c'è qualcosa che non va con l'archivio, provare a scaricarlo di nuovo. A volte si verificano errori durante il download;

```
#
#Esempio di makefile
#

radici:radici.o coeff.o solequ.o
        g95 -o radici radici.o coeff.o solequ.o

radici.o:radici.f03
        g95 -c radici.f03

coeff.o:coeff.f03
        g95 -c coeff.f03

solequ.o:solequ.f03
        g95 -c solequ.f03
```

Figura 1.19 – Esempio di makefile in Fortran 90.

- spostarsi nella directory in cui è stato spacchettato il sorgente con il comando $ cd Python-3.1.2;
- a questo punto eseguire i seguenti comandi:

```
. / Configure - prefix = $ (pwd)
make
make install
```

Figura 1.20 – Linux Interactive Shell.

- la procedura di compilazione terminerà con la creazione di un file eseguibile denominato Python posizionato nella directory corrente. (Se si dovessero vericare degli errori in fase di compilazione consultare il file README incluso nella distribuzione.);
- ora basterà aggiungere la directory corrente nella variabile d'ambiente PATH, e si sarà pronti a partire;
- per conoscere le altre direttive di configurazione, eseguire questo comando: . / Configure - help.

Dopo aver installato correttamente Python, per avviarlo, basterà digitare al prompt di Linux il comando seguente:

```
python
```

ed entrare, in questo modo, nella Linux interactive shell.

Capitolo secondo
Per iniziare

In questo capitolo analizzeremo gli strumenti necessari per iniziare a programmare con Python e in particolare per sfruttare le potenzialità di questo linguaggio di scripting. Vedremo quindi quali sono i software da utilizzare per cominciare da subito a sviluppare delle applicazioni Python, in seguito analizzeremo in via preliminare l'ambiente Python in modo da acquisire le competenze necessarie ad utilizzare l'interprete.

Primi passi con Python

Dopo aver passato un pò di tempo a studiare le procedure d'installazione del software passiamo a qualcosa di più interessante, quantomeno di più pratico. Verificheremo allora la corretta installazione del software.

Per avviare Python o più correttamente per aprire la `Python Interactive Shell` basterà cliccare sul menu `Start` per trovare l'icona della shell già pronta tra i programmi di uso frequente, oppure basterà cliccare su `Tutti i programmi` > `Active State Active Python 3.1` (figura 2.1).

Dopo aver attivato la `Python Interactive Shell` ci troveremo a disposizione una finestra nella quale sarà possibile digitare da linea di comando le nostre istruzioni Python. Iniziamo a tal proposito con il classico messaggio che i programmatori usano inviare alla shell per testarne il regolare funzionamento; mi riferisco al più classico dei messaggi: "Hello World".

Per visualizzare un messaggio dalla shell sarà necessario stamparlo, e allora quale poteva essere il comando che ci permette di fare questo se non `print` (che tradotto in italiano vuol dire stampa), questo a conferma del fatto che leggere del codice Python equivale a leggere un comune listato in lingua inglese.

Allora per visualizzare sul prompt dei comandi il messaggio "Hello World" basterà digitare la seguente istruzione:

```
print('Hello World')
```

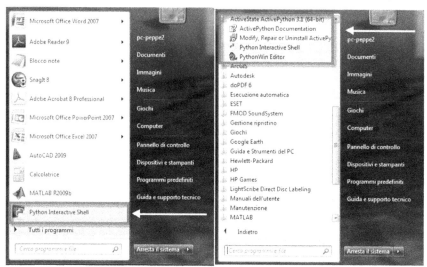

Figura 2.1 – Richiamo della Python Interactive Shell.

Per ottenere la stampa del messaggio come riportato nella figura 2.2.

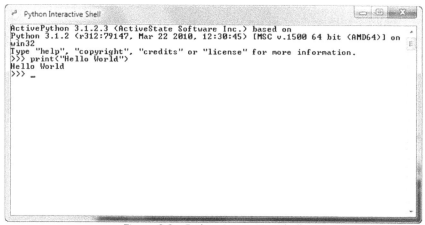

Figura 2.2 – Python Interactive Shell.

Fatto questo, vediamo ora come ricevere un primo ed immediato aiuto proprio dalla shell interattiva di Python; infatti all'apertura della shell è visualizzato il seguente messaggio:

```
ActivePython 3.1.2.3 (ActiveState Software Inc.) based on
    Python 3.1.2 (r312:79147, Mar 22 2010, 12:30:45) [MSC v.1500 64 bit
(AMD64)] on
    win32
```

```
Type "help", "copyright", "credits" or "license" for more information.
>>>
```

Che ci invita appunto a digitare il comando `help()` per ricevere informazioni sull'uso dell'interprete Python. Dopo aver impartito il comando, si riceve un messaggio di benvenuto dalla funzione di Guida in linea che ci invita nel caso fossimo dei principianti a consultare il tutorial disponibile su Internet all'url: `http://docs.python.org/tutorial/`.

```
>>> help()

Welcome to Python 3.1!  This is the online help utility.

If this is your first time using Python, you should definitely check out
the tutorial on the Internet at http://docs.python.org/tutorial/.

Enter the name of any module, keyword, or topic to get help on writing
Python programs and using Python modules.  To quit this help utility and return
to the interpreter, just type "quit".

To get a list of available modules, keywords, or topics, type "modules",
"keywords", or "topics".  Each module also comes with a one-line summary of what
it does; to list the modules whose summaries contain a given word such as
"spam", type "modules spam".

help>
```

Nella guida in linea, come già detto, attivabile con il comando `help()`, basterà inserire il nome di qualsiasi modulo, parola chiave o argomento per ottenere aiuto nella redazione di programmi Python. Per uscire poi dalla guida in linea per fare ritorno all'interprete, sarà sufficiente digitare `quit`. Per ottenere invece un elenco dei moduli disponibili, delle parole chiave previste o degli argomenti utilizzabili, sarà necessario digitare `modules`, `keywords` oppure `topics`.

Ogni modulo poi ha un sommario contenuto nella guida in linea in cui sono elencate tutte le sue caratteristiche, mentre per elencare i moduli la cui sintesi contiene una parola "data", dovremo aggiungerla alla parola `modules`. Ad esempio per avere informazioni sul modulo `array` inseriremo tale nome nella shell della guida in linea per ottenere le informazioni riportate nella figura 2.3.

É allora consigliabile consultare la guida in linea dell'interprete Python ogni qualvolta ci si trovi a dover utilizzare una risorsa che non si conosce in modo adeguato; abbiamo visto che attraverso l'help della `Python Interactive Shell` sarà semplice e immediato ottenerne una sufficiente documentazione.

Facciamo allora un esempio sul comando `print` che abbiamo appena utilizzato in un esempio; chiediamo aiuto all'interprete per conoscere in modo dettagliato la sitassi di tale comando.

```
Python Interactive Shell                                              ⌐ ▢ ✕
Help on built-in module array:

NAME
    array

FILE
    (built-in)

DESCRIPTION
    This module defines an object type which can efficiently represent
    an array of basic values: characters, integers, floating point
    numbers.  Arrays are sequence types and behave very much like lists,
    except that the type of objects stored in them is constrained.  The
    type is specified at object creation time by using a type code, which
    is a single character.  The following type codes are defined:

        Type code   C Type            Minimum size in bytes
        'b'         signed integer    1
        'B'         unsigned integer  1
        'u'         Unicode character 2 (see note)
        'h'         signed integer    2
        'H'         unsigned integer  2
        'i'         signed integer    2
        'I'         unsigned integer  2
-- More --
```

Figura 2.3 – La guida in linea della Python Interactive Shell.

Per fare questo scriveremo:

```
>>> help(print)
Help on built-in function print in module builtins:

print(...)
    print(value, ..., sep=' ', end='\n', file=sys.stdout)

    Prints the values to a stream, or to sys.stdout by default.
    Optional keyword arguments:
    file: a file-like object (stream); defaults to the current sys.stdout.
    sep:  string inserted between values, default a space.
    end:  string appended after the last value, default a newline.
```

L'help di Python ci dice allora che si tratta di una funzione built-in e ci indica la corretta sintassi e cioè la seguente:

```
print(value, ..., sep=' ', end='\n', file=sys.stdout)
```

Quindi ci fornisce delle informazioni utili sul comando, in particolare che si tratta della funzione che ci consente di stampare la variabile di processo e poi ci fornisce gli argomenti chiave opzionali.

Il programmatore esperto farà un largo uso della funzione di help forni- ta dall'interprete, per conoscere in modo preciso la sintassi di ogni co- mando e per avere una lista di tutte le opzioni che alcuni comandi forniscono. Solo in questo modo si potranno sfruttare al massimo le potenzialità di un linguaggio di programmazione.

Editor per script Python

Dopo aver analizzato la Python Interactive Shell passiamo a descrivere il PythonWin editor che rappresenta un editor già compreso nella distribuzione ActivePython che ci aiuta nella stesura di programmi lunghi.

Di solito, quando un programmatore scrive un semplice programma, lo fa utilizzando il text editor blocco note di windows, questo perché per realizzare dei programmi i font, i colori e in generale l'aspetto grafico sono ininfluenti, anzi possono rendere il lavoro del programmatore più ostico. È questo il motivo per cui negli ambienti di sviluppo del software non sono utilizzati programmi di videoscrittura complessi, programmi questi che invece sono largamente impiegati dagli scrittori, ma piuttosto degli editor di testo semplici (come notepad o blocco note in ambiente Windows oppure vi ed emacs in ambiente linux).

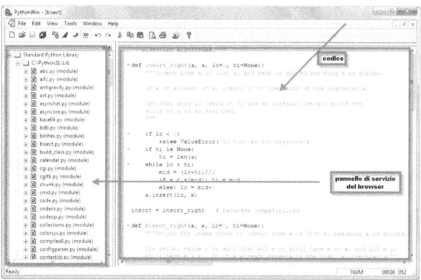

Figura 2.4 – L'editor Pythonwin.

Tali editor al posto di complicate opzioni per la gestione visuale del testo forniscono funzioni avanzate di trattamento del puro testo, quali ad esempio veloci procedure di spostamento all'interno del testo, ricerche e sostituzioni di parole all'interno del file e di file esterni, riconoscimento di parole chiave del linguaggio di programmazione con la possibilità di evidenziare le stesse colorandole in modo diverso dal resto del testo, ed infine la identazione del testo che in Python rappresenta una scelta obbligata.

L'editor Pythonwin è la versione Windows di scintilla. Scintilla offre tutto ciò che ci si aspetta da un editor di Python, come un sistema d'identazione intelligente, code-folding (che permette di nascondere delle porzioni di un file di codice mentre si lavora ad altre parti dello stesso file) e l'evidenziazione della sintassi.

Inoltre, la finestra di editor può essere divisa in due, fornendo uno strumento utile per un confronto efficace tra codici sorgente, mentre a sinistra della finestra dell'editor può essere aperto un pannello di servizio del browser che ci permette di navigare nel file system del computer (Figura 2.4).

Il layout compatto di questi pannelli, combinato con un'interfaccia MDI, rende facile lavorare su un numero elevato di file nello stesso momento.

Figura 2.5 – Funzionalità dell'editor Pythonwin

L'editor è facilmente personalizzabile attraverso delle comode finestre di dialogo. Pythonwin è stato uno dei primi Python IDE a sostenere il completamento automatico, l'avviso di rientro incoerente, e suggerimenti per le chiamate di funzioni, e lo fa abbastanza bene considerando che è veramente difficile da attuare a causa della natura debolmente tipizzata di Python. È inoltre possibile controllare la correttezza sintattica del codice senza eseguirlo.

Pythonwin rappresenta una risorsa open source, scritto da Mark Hammond, e ora parte del pacchetto ActiveState Active Python, anche se può essere scaricato separatamente. Cosicchè Active Python nasce dall'accorpamento di un'IDE completa, di un interprete Python e di una piccola selezione di librerie standard, cosa questa che sembra essere una tendenza nel mondo Windows.

ActivePython Documentation

Nella descrizione del pacchetto ActivePython completiamo spendendo alcune parole sull'ActivePython Documentation che rappresenta una nutrita collezione di documentazione che è fornita a corredo dell'IDE già dettagliatamente descritta nelle pagine precedenti.
Si tratta di una raccolta davvero completa che ci fornirà tutti gli argomenti necessari per apprendere le caratteristiche di base del linguaggio di programmazione Python se siamo dei principianti, mentre ci permetterà di arricchire le nostre competenze se siamo già pratici della sintassi di questo potente, ma snello strumento per la programmazione ad oggetti.

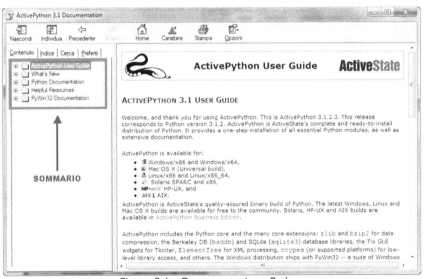

Figura 2.6 – Documentazione Python.

Il sommario che si apre quando richiamiamo la documentazione Python ci offre i seguenti argomenti:
- Active Python User Guide
- What's New
- Python Documentation
- Helpful Resources
- PyWin 32 Documentation

Com'è possibile verificare, la documentazione a corredo del pacchetto ci permette di accedere a una Guida all'uso di Active Python, alle novità introdotte dalla nuova versione, a una raccolta di documenti su Python, alle risorse di aiuto e infine alla documentazione su PyWin 32.

Le opzioni da linea di comando

Abbiamo già imparato ad aprire la Python Interactive Shell adesso vediamo come lanciare dei comandi Python attraverso l'utilizzo di una finestra di terminale. La prima cosa che risulta utile sapere è come impartire i comandi all'interprete Python; per fare questo possiamo utilizzare il seguente formato:

```
Python [option] [ nomefile | -c command | -m module | - ]        [arg]
```

dove:
- option - rappresenta l'opzione che può essere passata all'interprete per eseguire una particolare azione;
- nomefile - rappresenta il nome dello script Python che si vuole eseguire;
- -c command - specifica un comando Python da eseguire;
- -m module - lancia un modulo contenuto nella libreria a corredo dell'interprete: sarà allora ricercato il modulo nel sys.path, ed una volta individuato sarà lanciato come top-level file;
- arg - indica che nient'altro sarà passato all'interprete python.

Utilizzando il formato di chiamata all'interprete python, riportato in precedenza, sarà possibile sia lanciare l'esecuzione di uno script Python sia entrare nella shell interattiva di Python, nella quale potremo direttamente impartire dei comandi Python.

La più classica delle operazioni che è possibile eseguire è quella di inserire il comando per la stampa del comune messaggio del programmatore print("Hello World") in un file con estensione .py e poi lanciarlo dalla linea di comando. Proviamo a farlo digitando:

```
Python messaggio.py
```

per ottenere la stampa del messaggio di benvenuto riportata nella figura 2.7.

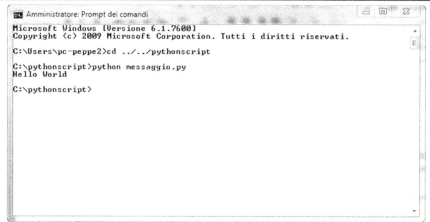

Figura 2.7 – Esecuzione di uno script python.

Digitando il solo comando Python si entra nell'ambiente interattivo dell'interprete, nel quale sarà possibile impartire le parole chiave di Python.

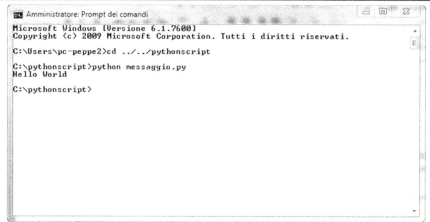

Figura 2.8 – Finestra con linea di comando.

Per uscire dalla modalità interattiva basterà digitare il comando `quit()`:

```
>>> quit()
C:\WinPython-64bit-3.3.2.1>
```

Quando avviene un errore, l'interprete stampa un messaggio di errore e una traccia dello stack e se si è in modalità interattiva, si ritorna al prompt primario; quando invece l'input è stato inviato da un file, si ritorna alla linea di comando con uno status diverso da zero, dopo aver stampato la traccia dello stack.

Alcuni errori sono incondizionatamente fatali e provocano un'uscita con status diverso da zero, questo è vero nel caso d'incoerenze interne e in alcuni casi di esaurimento della memoria.

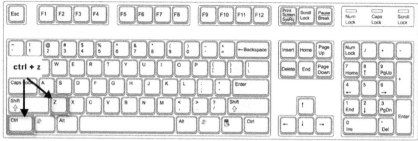

Figura 2.9 – Combinazione di tasti per l'uscita dall'interprete.

Tutti i messaggi di errore sono scritti nel flusso di errore standard mentre la lista dei comandi eseguiti è scritta sull'output standard.

Digitando il carattere d'interruzione (di solito la combinazione di tasti Ctrl-Z su Windows o Ctrl-D su Unix) e cliccando sul tasto invio, si annulla l'output primario o secondario e si restituisce il comando al prompt primario.

Digitando un'interruzione mentre è in esecuzione un comando è sollevata l'eccezione KeyboardInterrupt, che può essere gestita da un blocco try.

L'ambiente interattivo di Python è molto utile nella prima fase di apprendimento del linguaggio perché spesso ci verrà il dubbio sul corretto utilizzo di un comando specifico, e allora per saggiarne la regolare esecuzione basterà digitare il comando alla shell per verificare la bontà della sintassi.

Ad esempio vediamo cosa accade se impartiamo il seguente comando:

```
print"Hello Word"
```

l'interprete risponde in questo modo:

```
File "<stdin>", line 1
  print"Hello Word"
      ^
SyntaxError: invalid syntax
```

che rappresenta un messaggio di errore che mi ricorda di inserire le parentesi prima e dopo la stringa che intendo stampare. Effettuiamo la correzione indicata:

```
print("Hello Word")
```

per ottenere in questo modo la tanto sospirata stampa del messaggio di saluto del programmatore:

```
>>> print("Hello Word")
Hello Word
```

```
Python Interactive Shell
ActivePython 3.1.2.3 (ActiveState Software Inc.) based on
Python 3.1.2 (r312:79147, Mar 22 2010, 12:30:45) [MSC v.1500 64 bit (AMD64)] on win32
Type "help", "copyright", "credits" or "license" for more information.
>>> print"Hello Word"
  File "<stdin>", line 1
    print"Hello Word"
                    ^
SyntaxError: invalid syntax
>>> print("Hello Word")
Hello Word
>>>
```

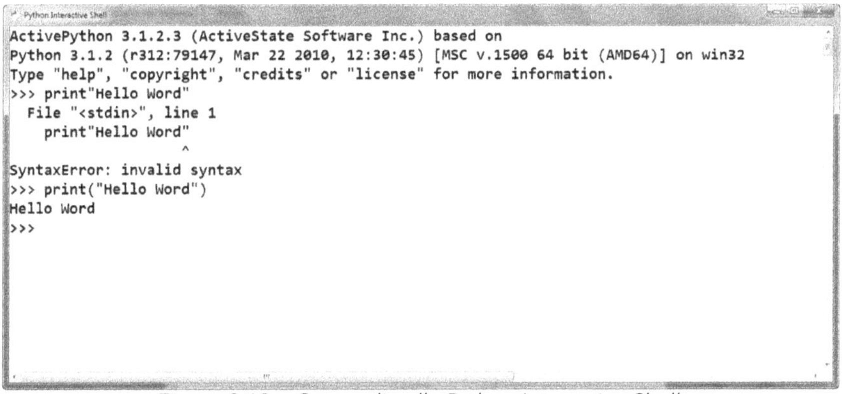

Figura 2.10 – Comandi nella Python Interactive Shell.

Utilizziamo infine la Python Interactive Shell come un semplice calcolatore per saggiare le grandi potenzialità che offre, almeno all'utente inesperto che si avvicina per la prima volta all'interprete Pythion.

Eseguiamo allora una serie di calcoli attraverso l'inserimento di una semplice espressione aritmetica:

```
>>> 3.14+2.10*5.14
13.934000000000001
```

Nella risoluzione dell'espressione, Python segue l'ordine consueto delle operazioni imposto in aritmetica. Ricordiamo allora che l'ordine standard nelle operazioni è il seguente:
1) esponenti e radici
2) moltiplicazione e divisione
3) addizione e sottrazione

Ciò significa che non abbiamo bisogno di introdurre delle parentesi nell'espressione seguente 2+(5*6):

```
>>> 2+5*6
32
```

Giacché la precedenza impone di eseguire prima la moltiplicazione e poi la somma.

Il risultato dell'espressione è memorizzato automaticamente dall'interprete in una variabile speciale etichettata con il nome "_". Così saremo in grado di stampare l'output del calcolo più recente digitando nuovamente il carattere underscore dopo il prompt:

```
>>> _
32
```

Figura 2.11 – Semplici espressioni nella Python Interactive Shell.

Capitolo terzo
Nozioni di base di Python

In questo capitolo introdurremo le nozioni di base del linguaggio di scripting Python soffermandoci sulle caratteristiche di riferimento che ci permetteranno di iniziare a scrivere i primi programmi. Vedremo come indentare correttamente il codice Python, quindi analizzeremo gli identificatori, le variabili e le espressioni, per poi passare a trattare i tipi di dati e altri elementi essenziali del linguaggio.

La indentazione in Python

Una caratteristica essenziale del linguaggio di programmazione Python è il metodo che utilizza per delimitare i blocchi di programma, che lo differenzia dagli altri linguaggi in circolazione. Abbiamo già detto della semplice sintassi che Python offre al programmatore alle prime armi, caratteristica questa che lo rende particolarmente indicato nei corsi di programmazione di base; ed è proprio la snella struttura del linguaggio, che non prevede dei particolari delimitatori per i blocchi di programma, che impone allora, la indentazione del codice, per la relativa individuazione.

Per indentazione del codice s'intende quella tecnica utilizzata nella programmazione attraverso la quale si evidenziano dei blocchi di programma con l'inserimento di una certa quantità di spazio vuoto all'inizio di una riga di testo, allo scopo di aumentarne la leggibilità. Così ogni riga è indentata di un certo numero di spazi che dipende dalla sua posizione all'interno della struttura logica del programma.
Nell'indentazione si utilizzano gli spazi bianchi, che sono ignorati dall'interprete, allo scopo di separare più chiaramente le istruzioni e in modo da rappresentare esplicitamente le relazioni di annidamento. La tecnica consiste nell'anteporre a ogni istruzione una quantità di spazio bianco proporzionale al numero di strutture di controllo o blocchi a cui tale istruzione appartiene.

Allora Python, invece di usare parentesi o parole chiave, usa l'indentazione stessa per indicare i blocchi nidificati; a tal proposito si possono usare sia una tabulazione, sia un numero arbitrario di spazi bianchi, ma lo standard Python prevede quattro spazi bianchi. La cosa da ricordare è che l'indentazione in Python non è facoltativa ma è una regola, nel senso che se si omette l'indentazione in una struttura condizionale, ad esempio, che rappresenta di norma una struttura nidificata, allora l'interprete ci restituirà un messaggio di errore.

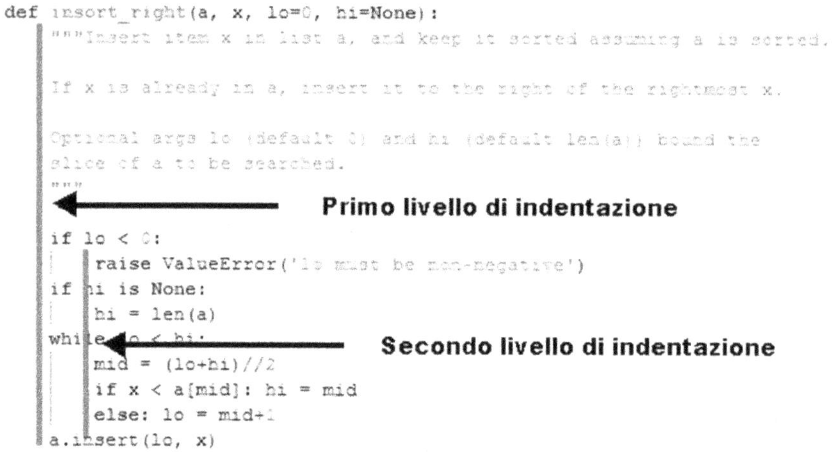

Figura 3.1 – Esempio di indentazione del codice in Python.

Nell'utilizzo di tale tecnica è necessario ricordare delle semplici regole:

- il numero di spazi da utilizzare è variabile;
- tutte le istruzioni del blocco di programma devono presentare lo stesso numero di spazi di indentazione.

Per meglio comprendere tali regole applichiamole a un semplice e-sempio; vediamo come indentare correttamente un ciclo condizionale if:

```
if (a>b):
    print("a è maggiore di b")
else
    print(a è minore o uguale a b")
```

il blocco condizionale appena visto è correttamente indentato, ma lo sarebbe stato anche nella forma che adesso vi propongo:

```
if (a>b):
    print("a è maggiore di b")
else
  print("a è minore o uguale a b")
```

In questa seconda forma, anche se meno gradevole da vedere (visto che il secondo blocco presenta un numero di spazi bianchi), le regole imposte da Python sono state perfettamente applicate. E questo perché le due istruzioni `print` si riferiscono a due blocchi di programma diversi per i quali è solo necessaria l'indentazione con un numero di spazi variabili. Il fatto che il numero di spazi sia diverso non determina un errore di sintassi. Cosa diversa invece accade per l'esempio seguente:

```
if (a>b):
    print("a è maggiore di b")
    print a
else
    print("a è minore o uguale a b")
  print a
```

In questo caso sarà segnalato un errore di sintassi dovuto al fatto che all'interno del blocco di programma identificato dalla parola chiave `else`, le due istruzioni `print` presentano un numero di spazi bianchi utilizzati per l'indentazione diversi.

Gli identificatori Python

Per iniziare ad introdurre i concetti di base sulla programmazione con Python, analizziamo le regole da seguire per scegliere correttamente i nomi di costanti, variabili, metodi, classi e moduli, che rappresentano gli elementi essenziali con i quali lavoreremo in questo ambiente. Un identificatore Python allora può essere costituito da una lettera maiuscola, minuscola o dal simbolo underscore seguito da altri caratteri, che a loro volta possono essere una qualsiasi combinazione di lettere maiuscole e minuscole, il carattere underscore e cifre. I caratteri minuscoli corrispondono alle lettere minuscole dell'alfabeto dalla a alla z, compreso il simbolo underscore, mentre i caratteri maiuscoli corrispondono alle lettere maiuscole dell'alfabeto dalla A alla Z e le cifre da 0 al 9. Il numero di caratteri che compongono il nome non è limitato.

Python non permette l'utilizzo di caratteri di punteggiatura o caratteri speciali quali @, $ e % come identificatori. Python è un linguaggio di programmazione case sensitive, distingue quindi tra lettere maiuscole e lettere minuscole, così i nomi `CIAO` e `ciao` rappresentano due identificatori diversi in Python.

Se si compone un nome contravvenendo a una di tali regole si otterrà un messaggio di errore del tipo riportato nella figura 3.2. L'errore segnalato dalla shell interattiva di Python si riferisce al fatto che erroneamente è stato composto un nome per la variabile con la prima lettera costituita da una cifra, cosa questa non permessa.

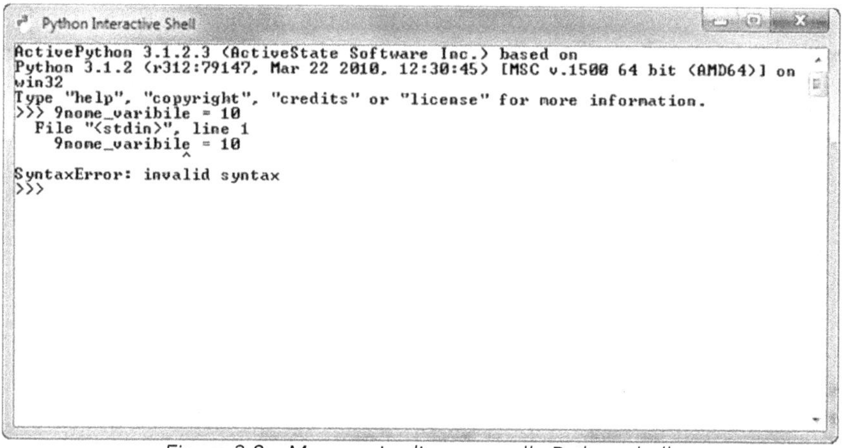

```
Python Interactive Shell                                              X
ActivePython 3.1.2.3 (ActiveState Software Inc.) based on
Python 3.1.2 (r312:79147, Mar 22 2010, 12:30:45) [MSC v.1500 64 bit (AMD64)] on
win32
Type "help", "copyright", "credits" or "license" for more information.
>>> 9nome_varibile = 10
  File "<stdin>", line 1
    9nome_varibile = 10
                 ^
SyntaxError: invalid syntax
>>>
```

Figura 3.2 – Messaggio di errore nella Python shell.

Di seguito riporto le convenzioni adottate in Python su come denominare in modo corretto gli oggetti:

- Un identificatore non può contenere degli spazi vuoti.
- I nomi delle classi iniziano con una lettera maiuscola e tutti gli altri identificatori con una lettera minuscola.
- Se il nome inizia con un underscore, ciò indica per convenzione che l'identificatore è destinato a essere privato.
- Se invece l'identificatore inizia con due caratteri underscore, ciò indica un identificatore fortemente privato.
- Se l'identificatore, inoltre, termina con due simboli di sottolineatura, l'identificatore è un nome definito speciale.

Inoltre non possono essere usate come nomi degli identificatori, le parole contenute nella tabella 3.1, che sono quindi riservate a opportuni impieghi dall'interprete.

Tabella 3.1 – Lista delle parole riservate

and	continue	else	for	import	not	raise
assert	def	except	from	in	or	return
break	del	exec	global	is	pass	try
class	elif	finally	if	lambda	print	while

Nell'ipotesi in cui, per errore fosse utilizzata una di tali parole quale nome di un variabile sarebbe segnalato dall'interprete Python un messaggio di errore del tipo:

```
>>> continue = 10
```

```
File "<stdin>", line 1
    continue = 10
              ^
SyntaxError: invalid syntax
```

Variabili ed espressioni

Nella maggior parte dei linguaggi di programmazione è necessaria una dichiarazione delle variabili utilizzate all'interno del programma, dichiarazione effettuata nella parte iniziale prima della sezione esecutiva dello stesso. Si parla in tal caso di dichiarazione esplicita delle variabili. In Python tutto questo non è richiesto, poiché il linguaggio non richiede la dichiarazione delle variabili; il tipo e la relativa dimensione saranno decisi nel momento in cui le stesse saranno inizializzate.

Con il termine variabile ci si riferisce a un tipo di dato il cui valore è variabile nel corso dell'esecuzione del programma. È però possibile assegnarne un valore iniziale, si parlerà allora d'inizializzazione della variabile. La fase d'inizializzazione, assume un'importanza fondamentale perché rappresenta il momento in cui la variabile è creata, tale momento coincide con quello in cui a essa è associato un dato valore.

A differenza dei linguaggi cosiddetti compilativi tale procedura può essere inserita in qualunque punto dello script, anche se i significati possono assumere valori differenti.

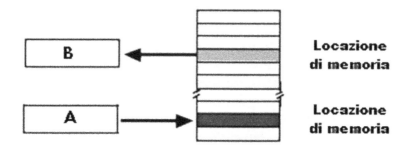

Figura 3.3 – Accesso alle locazioni di memoria

Nel momento in cui l'interprete s'imbatte in una variabile, deposita il valore relativo in una locazione di memoria e ogni volta che nel programma comparirà una chiamata a tale variabile, si riferirà a questa locazione. È regola di buona programmazione utilizzare dei nomi che ci permetteranno di riferirci in maniera univoca alle specifiche locazioni di memoria in cui i relativi dati sono stati depositati.

Il Python prevede due tipi di variabili:
   1) variabili globali;
   2) variabili locali;

Come si può intuire, le variabili globali sono accessibili a livello globale all'interno del programma, le variabili locali invece assumono significato solo ed esclusivamente nel settore di appartenenza, risultando visibili solo all'interno del metodo in cui vengono inizializzate.

Figura 3.4 – Funzioni built-in locals e globals.

È utile a questo punto introdurre il concetto di **scope** che letteralmente si traduce come campo o ambito di visibilità e definisce la visibilità di un nome all'interno di un blocco di codice. Nell'ipotesi in cui una variabile locale sia utilizzata in un blocco, tale blocco rappresenta il suo ambito di visibilità. Se invece la definizione della variabile avviene all'interno di una funzione, allora il suo utilizzo si estende a tutti i blocchi contenuti nella funzione, tranne che nel caso in cui uno dei blocchi contenuti non includa una definizione con lo stesso nome. Lo **scope** di un nome definito all'interno di un blocco di tipo classe è limitato a tale blocco; non si estende ai blocchi di codice dei suoi metodi.

Python utilizza due funzioni built-in: `locals` e `globals` per specificare i diversi tipi di variabili; tali funzioni forniscono un accesso alle variabili locali e globali, basato sui dizionari (Figura 3.4).

Per comprendere meglio il significato di tali termini e l'ambito nel quale operano, è necessario introdurre il concetto di namespace. Con la parola namespace, che tradotto suonerebbe come spazio dei nomi, s'intende un dizionario Python che contiene i nomi delle variabili (chiavi) ed i valori di tali variabili (valori), in modo da tenere traccia di quelle utilizzate in quel particolare contesto.

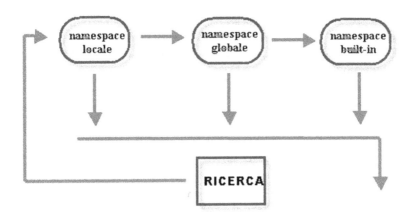

Figura 3.5 – Ricerca di una variabile nel namespace.

E allora ogni blocco di un programma Python, ha i suoi namespace, ad esempio una funzione ha il suo namespace, denominato namespace locale, che contiene i riferimenti a tutte le variabili utilizzate dalla funzione, e i suoi argomenti. Così come un modulo ha il suo namespace, denominato questa volta namespace globale, perché contiene i riferimenti alle variabili del modulo, alle funzioni, alle classi, e infine ai moduli importati. C'è poi il namespace built-in, accessibile da ogni modulo, che contiene le funzioni built-in e le eccezioni.

Vediamo allora cosa accade quando un'istruzione richiama il valore della variabile varA; in questo caso Python inizia una ricerca di quella variabile in tutti i namespace disponibili, seguendo l'ordine riportato di seguito:

- **namespace locale** - namespace specifico della funzione o del metodo di classe attualmente in esecuzione. Nel caso l'interprete dovesse trovare una variabile locale con nome varA oppure se varA rappresenta un argomento della funzione allora la utilizzerà e interromperà la ricerca. Il namespace locale è creato quando è chiamata una funzione. Esso contiene le variabili passate alla funzione come argomenti e le variabili create all'interno della stessa. Il namespace è però cancellato quando la funzione termina. Se una variabile è creata all'interno di una funzione, la sua portata è il solo namespace locale quindi non è visibile all'esterno di essa.

- **namespace globale** - namespace specifico del modulo in esecuzione. Nel caso l'interprete dovesse trovare una variabile, funzione, o classe con nome varA, Python la utilizzerà e interromperà la ricerca. Il namespace globale è creato quando è caricato un modulo. Ogni modulo ha un proprio namespace e le variabili assegnate in uno spazio dei nomi globale sono visibili a qualsiasi funzione presente all'interno del modulo.

- **namespace built-in** - namespace globale per tutti i moduli. Nel caso l'interprete dovesse trovare una variabile o funzione built-in la utilizzerà e interromperà la ricerca. È creato quando si avvia l'interprete e contiene le funzioni che sono distribuite con l'interprete Python. Queste funzioni sono accessibili da qualsiasi unità di programma.

Riassumento quando è rilevato un nome durante l'esecuzione di una funzione, l'interprete, per risolvere il problema, compie una ricerca nell'ordine indicato:

- namespace locale,
- namespace globale
- namespace dei nomi.

Nel caso in cui il nome varA non fosse trovato, verrebbe sollevata un'eccezione NameError. Se il nome si riferisce a una variabile locale che non è stata associata, è sollevata un'eccezione UnboundLocalError, dove UnboundLocalError è una sottoclasse di NameError.

Ad esempio definiamo una serie di variabili, dopodichè ne stampiamo il contenuto richiamando volutamente una variabile non definita.

```
>>> a=1
>>> b=2
>>> c=3
>>> d=4
>>> print(a,b,c,d)
1 2 3 4
>>> print(e)
Traceback (most recent call last):
  File "<stdin>", line 1, in <module>
NameError: name 'e' is not defined
>>>
```

Come già detto nel momento in cui abbiamo chiesto all'interprete di stampare il contenuto della variabile, lo stesso ha eseguito la ricerca e non avendo trovato nulla ha sollevato l'eccezione NameError.

I nomi delle variabili rispettano le regole già viste per gli identificatori Python, ricordiamo poi che Python è case sensitive, nel senso che le lettere maiuscole e minuscole rappresentano entità differenti. Allora i nomi `Luigi`, `luigi` e `LUIGI` si riferiscono a tre variabili diverse. Infine è opportuno segnalare che le parole riservate del Python non possono essere utilizzate come nomi di variabili; per avere una lista delle parole riservate fare riferimento alla Tabelle 3.1.

Nella Tabella 3.2 riportiamo invece un elenco di esempi di nomi di variabile corretti ed errati.

Tabella 3.2 – Nomi di variabili

Nome	Valutazione
Contatore	Corretto
luigi_2003	Corretto
simone_ciaburro	Corretto
_2008	Consentito ma sconsigliata
Luigi+ciaburro	Errato perché contiene il carattere +
while	Errato perché rappresenta una parola riservata
2005_simone	Errato perché il primo carattere è una cifra

Per la maggior parte dei compilatori, un nome di variabile può contenere fino a trentuno caratteri, in modo da poter adottare per una variabile un nome sufficientemente descrittivo, in Python tale limite non è indicato. La scelta del nome assume un'importanza fondamentale al fine di rendere leggibile il codice; questo perché un codice leggibile sarà facilmente mantenibile anche da persone diverse dal programmatore che l'ha creato.

Abbiamo parlato d'inizializzazione della variabile intesa quale operazione di creazione della variabile; vediamone allora un esempio banale:

```
a = 1
```

In tale istruzione è stato utilizzato l'operatore di assegnazione (segno di uguale =), con il significato di assegnare appunto alla locazione di memoria individuata dal nome `a` il valore 1. Il tipo attribuito alla variabile è stabilito in fase d'inizializzazione; sarà allora che si deciderà se assegnare a essa una stringa di testo, un valore booleano (`true/false`), un numero decimale etc.

Ci sono poi le variabili d'ambiente che sono utilizzate per le impostazioni a livello di sistema che si estendono poi sui programmi e sono adoperate per la configurazione globale. Una lista delle variabili d'ambiente previste dal Python è riportata nella Tabella 3.3.

Tabella 3.3 – Variabili d'ambiente

Nome	Desrizione
PYTHONHOME	Locazione delle librerie standard
PYTHONPATH	Aggiunta al percorso standard per i moduli
PYTHONSTARTUP	In modalità interattiva: prima di eseguire i comandi è richiesto un input
PYTHONY2K	Impostazione campo non vuoto per inserimento formato anno a 4 numeri
PYTHONOPTIMIZE	Impostazione campo non vuoto per ottimizzazione di base.
PYTHONDEBUG	Impostazione campo non vuoto per attivare il debug
PYTHONINSPECT	Forzare la modalità interattiva alla terminazione normale del programma
PYTHONUNBUFFERED	Disattivare il buffering di stdin, stdout e stderr
PYTHONVERBOSE	Fornire informazioni dettagliate sul caricamento del modulo
PYTHONCASEOK	Ignora case in
PYTHONIOENCODING	Cambiamento di gestione unicode per stdin / stdout / stderr
PYTHONNOUSERSITE	Non aggiungere la directory dell'utente a sys.path
PYTHONUSERBASE	Cambiare la directory dell'utente
PYTHONEXECUTABLE	Solo per Mac OS X. Sostituisci il nome del programma in argv [0]

Tipi di dati

Un tipo di dato può essere definito attraverso un nome, che indica l'insieme di valori che una variabile o il risultato di un'espressione, possono assumere e le operazioni che su tali valori si possono effettuare.
Affermare ad esempio che la variabile A sia di tipo intero, significa dire che A può assumere come valori solo numeri interi, scelti in un dato intervallo, e che su tali valori sono ammesse solo determinate operazioni (quelle consentite dal tipo).

Tutti i dati memorizzati in un programma Python rappresentano degli oggetti; infatti sono oggetti i tipi di dati predefiniti che il Python propone quali numeri, stringhe, liste e dizionari. Tuttavia, è possibile creare oggetti definiti dall'utente sotto forma di classi.

Ogni oggetto in Python ha un'identità, un tipo, che ne rappresenta la classe e un valore. L'identità di un oggetto rappresenta l'indirizzo di memoria nel quale è immagazzinato l'oggetto, ed essa non cambia mai dopo che l'oggetto è stato creato. Ad esempio, quando inizializziamo una variabile, con il valore 33 abbiamo creato un oggetto intero, associando ad esso il valore 33.

In ogni momento sarà possibile avere delle informazioni dettagliate sul tipo attribuito a un oggetto con l'utilizzo della funzione type e puntando alla sua posizione in memoria attraverso il nome che fa riferimento a questa posizione specifica. Mentre utilizzando la funzione id sarà possibile ricavare il suo indirizzo di memoria. Vediamo un esempio:

```
>>> vara=33
>>> print(vara)
33
>>> type(vara)
<class 'int'>
>>> id(vara)
505969808
```

Il tipo di un oggetto, noto anche come classe dell'oggetto, descrive la rappresentazione interna dell'oggetto e i metodi e le operazioni che esso supporta.

Nel momento in cui è creato un oggetto di un tipo particolare, l'oggetto è talvolta chiamato un'istanza di tale tipo.

Dopo che è stata creata un'istanza, la sua identità e il tipo non possono essere più cambiati. Se il valore assunto dall'oggetto può essere modificato, allora l'oggetto è detta variabile. Se invece il suo valore non può essere modificato, allora l'oggetto è detto invariabile.

Un oggetto che contiene riferimenti ad altri oggetti è detto contenitore o collezione.

Detto questo è opportuno precisare che nel Python i dati possono appartenere a diverse categorie:
- Numeri
- Sequenze
- Insiemi
- Mappe

Ognuna di tale categoria presenta poi una serie di tipi ai quali si può far riferimento nella costruzione dei nostri algoritmi. I tipi predefiniti previsti da Python sono circa una dozzina che possono essere utilizzati per rappresentare la maggior parte dei dati utilizzati nei programmi.

Tali tipi sono elencati nella tabella 3.4 in cui è possibile trovare il nome del tipo, la categoria cui appartiene e una descrizione del tipo di dato che è in grado di rappresentare.

Tabella 3.4 – Tipi di dati predefiniti

Nome	Categoria	Descrizione
Int	Numeri	Numero Intero
Long	Numeri	Numero Intero lungo
Float	Numeri	Numero a virgola mobile
Complex	Numeri	Numero complesso
Bool	Numeri	Valore logico
Str	Sequenze	Stringa di caratteri
Unicode	Sequenze	Stringa di caratteri Unicode
List	Sequenze	Lista
Tuple	Sequenze	Tupla
Frange	Sequenze	Intervallo di interi creata con la funzione xrange()
Set	Insieme	Insieme variabile
Frozenset	Insieme	Insieme non variabile
Dict	Mappe	Dizionario
None	Nessuno	Nessun oggetto
File	Files	File

Abbiamo visto i tipi di dati che Python ci mette a disposizione, vediamo ora come sia possibile, utilizzando alcune funzioni built-in, eseguire una conversione di tipo, cioè trasformare un dato di un determinato tipo in un altro.

Partiamo dalla conversione più semplice, allora la funzione `int` converte un dato in intero, se la conversione non è possibile, è restituito un messaggio d'errore. Vediamo allora un esempio di applicazione della funzione `int`:

```
>>> vara=10.9
>>> type(vara)
<class 'float'>
>>> varb=int(vara)
>>> print(varb)
10
>>> type(varb)
<class 'int'>
```

In questo semplice esempio abbiamo definito una variabile `vara` come tipo `float` e cioè come un numero a virgola mobile e poi ne abbiamo cambiato il tipo nell'operazione di assegnazione alla variabile `varb`.

È importante sottolineare come nella conversione del tipo la funzione int abbia effettuato un troncamento all'intero più piccolo. Cosa accade se tentiamo di eseguire una conversione non consentita?

```
>>> vara='Ciao mondo'
>>> int(vara)
Traceback (most recent call last):
  File "<stdin>", line 1, in <module>
ValueError: invalid literal for int() with base 10: 'Ciao mondo'
```

Nell'esempio appena mostrato, abbiamo erroneamente tentato di trasformare una stringa di testo in un numero intero e Python ha così restituito un messaggio di errore.

Passiamo ora alla funzione float che, invece ci permette di convertire numeri interi e stringhe in numeri in virgola mobile, analizziamo il suo funzionamento attraverso l'analisi di un semplice esempio:

```
>>> vara=10
>>> type(vara)
<class 'int'>
>>> varb=float(vara)
>>> print(varb)
10.0
>>> type(varb)
<class 'float'>
```

Come detto la stessa funzione float ci permette inoltre di trasformare una stringa di testo nel relativo numero in virgola mobile:

```
>>> vara='10.0'
>>> type(vara)
<class 'str'>
>>> varb=float(vara)
>>> print(vara)
10.0
>>> type(varb)
<class 'float'>
```

Infine vediamo la funzione str che converte al tipo stringa:

```
>>> vara=10
>>> type(vara)
<class 'int'>
>>> varb=str(vara)
>>> type(varb)
<class 'str'>
```

La stessa operazione sarebbe stata eseguita nel caso in cui la variabile di partenza fosse stata del tipo `float`.

Gli operatori

Il linguaggio di scripting Python supporta una vasta gamma di operatori, come del resto ci si aspetta da un linguaggio moderno e flessibile. Tuttavia, in sintonia con la filosofia Python decisamente object-oriented, la maggior parte degli operatori rappresentano, in effetti, delle chiamate ad altrettanti metodi. Tale flessibilità ci consente di modificare la semantica di questi ultimi in modo da permettere di creare nuovi operatori all'occorrenza. Consideriamo l'istruzione rappresentata nella figura 3.6, in essa l'operatore + è considerato un metodo applicato alla variabile identificata dal nome `vara` mentre la variabile `varb` è considerata quale parametro e passata dal metodo.

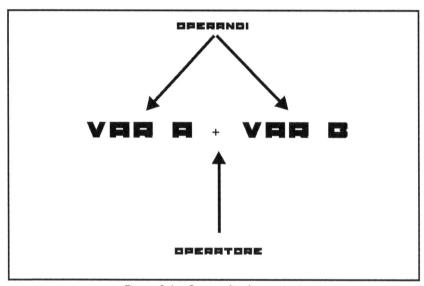

Figura 3.6 – Operandi ed operatori.

Operatori aritmetici

Passiamo allora ad analizzare gli operatori aritmetici ammessi dal Python; iniziamo con il considerare l'operatore di assegnazione che è rappresentato dal segno uguale (=). È opportuno ricordare che il suo utilizzo nella programmazione è diverso dal suo uso consueto in matematica, così se scriviamo:

```
a = b
```

Con questo non vogliamo intendere "a è uguale a b", mentre invece vogliamo indicare "assegna il valore di b alla variabile a". Allora in un'istruzione di assegnazione, la parte a destra del segno di uguale può essere una qualsiasi espressione, mentre la parte a sinistra deve essere necessariamente il nome di una variabile. Per tale motivo scriveremo:

```
variabile = espressione
```

Cosicchè durante l'esecuzione dell'istruzione è valutata l'espressione ed il risultato è assegnato alla variabile. Il tipo del dato rappresentato dalla variabile è stabilito nella fase d'inizializzazione, ne consegue che per avere una variabile che memorizzi numeri decimali dovremo scrivere:

```
a = 1.0
```

Sottolineando il fatto che nell'ipotesi di valore unitario per conservare il tipo numero decimale dovremo necessariamente aggiungere lo zero dopo l'operatore decimale cioè il punto.
Per eseguire delle semplici operazioni aritmetiche, Python utilizza gli operatori matematici, a tal proposito ne ha cinque del tipo binario che operano cioè su due operandi. Tali operatori sono elencati nella tabella 4.5.

Tabella 3.5 – Lista di operatori aritmetici binari

Simbolo	Operatore	Descrizione
+	Addizione	Somma due operandi
-	Sottrazione	Sottrae il secondo operando dal primo
*	Moltiplicazione	Moltiplica due operandi
/	Divisione	Divide il primo operando per il secondo
**	Potenza	Eleva alla potenza indicata dopo l'operatore
%	Modulo	Fornisce il resto della divisione del primo operando per il secondo
//	Divisione troncata	Divide il primo operando per il secondo ma tronca il risultato

Sui primi cinque operatori riportati nella tabella 3.5 non c'è nulla da aggiungere, per quanto riguarda il modulo solo una precisazione: il modulo fornisce il resto della divisione del primo operando per il secondo. Ad esempio se operiamo le seguenti divisioni risulta:
- 90 / 8 fornisce come modulo 2
- 8 / 4 fornisce come modulo 0

Mentre la divisione troncata è utilizzata per eseguire una divisione che restituisca un numero intero troncando la parte decimale; vediamone l'utilizzo attraverso un esempio:

```
>>> 5/2
2.5
>>> 5//2
2
```

Nel codice appena visto abbiamo eseguito due divisioni con gli stessi operandi: la prima realizzata con l'operatore / ha fornito come risultato quello giusto dal punto di vista aritmetico, infatti la divisione tra 5 e 2 (entrambi interi) fornisce come risultato un numero reale. Nel secondo caso avendo utilizzato l'operatore // abbiamo invece ottenuto un numero intero e cioè 2, attraverso il troncamento della parte decimale del numero.

Passiamo ora a vedere con quale ordine sono eseguite le operazioni nelle espressioni che contengono più di un operatore. Ad esempio nell'espressione seguente è eseguita prima l'addizione o la moltiplicazione?

```
>>> a = 2 + 3 * 4
```

Se si esegue prima la somma otteniamo:

```
a = 5 * 4
```

che fornisce come risultato 20, mentre se si esegue prima la moltiplicazione, si ottiene il calcolo seguente:

```
a = 2 + 12
```

In questo modo alla variabile a è assegnato il valore 14. Se ne deduce che per evitare inconvenienti è necessario stabilire delle regole che vincolino l'ordine di esecuzione delle operazioni. Nel Python tale ordine, è detto precedenza degli operatori, e risulta definito in modo estremamente esauriente.

Accade così che ogni operatore assume un proprio valore di precedenza in modo tale che nel momento in cui è calcolata un'espressione, siano eseguite dapprima le operazioni che presentano un operatore con la maggiore precedenza sugli altri.

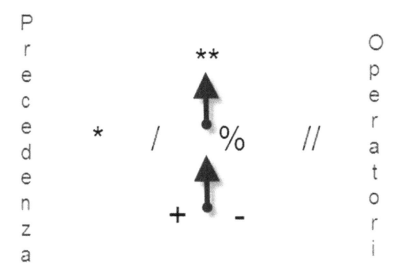

Figura 3.7 – Precedenza degli operatori aritmetici

Per quanto riguarda gli operatori aritmetici è presto detto poiché conservano le regole proprie dell'aritmetica, quindi sono eseguite prima le moltiplicazioni e divisioni dopodiché si passa alle addizioni e sottrazioni. Per quanto riguarda operatori che presentano lo stesso ordine di precedenza, si segue l'espressione da sinistra verso destra. Analizziamo allora l'espressione che segue:

```
>>> a = 10 % 2 * 3
>>> print(a)
0
```

Gli operatori % e * assumono lo stesso valore di precedenza, ma essendo % quello più a sinistra è eseguito per primo. Nel caso, invece, si volesse applicare una precedenza diversa, si potrebbero utilizzare le parentesi; infatti come peraltro previsto dall'aritmetica qualsiasi espressione contenuta fra parentesi deve essere calcolata per prima.

```
>>> a = 10 % (2 * 3)
>>> print(a)
4
```

Passiamo ora ad analizzare l'esempio seguente:

```
expr = 1 + 3 * 4
```

che fornisce come risultato 13; se avessimo voluto prima eseguire l'addizione avremmo dovuto scrivere:

```
expr = (1 + 3) * 4
```

che fornisce come risultato 16. Nel caso in cui le parentesi siano racchiuse in altre parentesi la regola vuole che venga valutata per prima la parentesi più interna ed a seguire le altre.

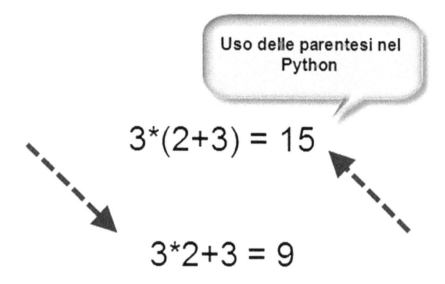

Figura 3.8 – Precedenza degli operatori aritmetici.

È quindi consigliabile utilizzare le parentesi non solo per imporre delle precedenze nei calcoli, ma anche per raggruppare dei termini, e quindi fornire una maggiore leggibilità al codice.

Contestualmente è opportuno precisare l'importanza del bilanciamento delle parentesi, nel senso che una volta aperte, le parentesi vanno necessariamente chiuse; anche se può sembrare una precisazione scontata, la mancanza di una chiusura di parentesi rappresenta uno dei più diffusi errori di programmazione.

Operatori relazionali

Gli operatori relazionali lavorano su operandi numerici e di caratteri e forniscono come risultato un valore logico (vero o falso).

Figura 3.9 – Operatori relazionali.

In un'espressione logica in cui compare un operatore relazionale, gli operatori coinvolti sono confrontati e dalla relazione tra di essi scaturisce il risultato.

Gli operatori relazionali previsti dal Python sono elencati nella tabella 3.6.

Tabella 3.6 – Operatori relazionali

Operatore	Tipo di Operazione
==	Uguale
!=	Non uguale
<	Minore
<=	Minore o uguale
>	Maggiore
>=	Maggiore o uguale

Allora una tipica espressione logica che presenta un operatore relazionale assumerà la forma seguente:

```
var1 > var2
```

```
var1 < var2
```

Se la relazione imposta dall'operatore su var1 e var2 è vera, allora il risultato sarà TRUE altrimenti sarà FALSE.

Come riportato nella Tabella 3.6, l'operatore relazionale di uguaglianza è rappresentato dal simbolo == (due segni di uguale); a differenza del simbolo = (un solo segno di uguale) che invece è adoperato per l'istruzione di assegnazione.

Spesso, infatti, si commette l'errore di utilizzare il simbolo = per indicare l'operatore relazionale di uguaglianza.

Operatori logici

Gli operatori logici combinatori sono operatori con uno o due operandi logici che forniscono un risultato di tipo logico. Gli operatori logici sono riportati nella tabella 3.7.

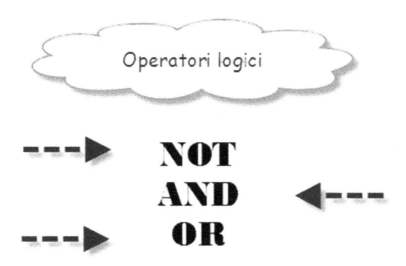

Figura 3.10 – Operatori logici.

Se la relazione espressa dall'operatore è vera, l'operatore fornisce come risultato .TRUE. altrimenti .FALSE. Nella gerarchia delle precedenze, gli operatori logici, vengono per ultimi.

Tabella 3.7 – Operatori logici

Operatore	Tipo di Operazione
not	Negazione logica
and	Congiunzione logica
or	Disgiunzione logica inclusiva
^	Disgiunzione logica esclusiva

Abbiamo detto che gli operatori logici si applicano a operandi di tipo logico, allora vediamo di capire in base al valore assunto dagli operandi quale sia il risultato dell'espressione.

Siano A e B due variabili di tipo logico, applichiamo ad esse gli operatori logici:

- **not A** - il risultato è .true. se A è .false. altrimenti è .false.
- **A and B** - il risultato è .true. se A e B sono entrambi pari a .true. altrimenti è .false.
- **A or B** - il risultato è .true. se almeno uno tra i valori di A o B assume il valore .true. altrimenti è .false.
- **A ^ B** - il risultato è .true. se solo uno tra i valori di A o B assume il valore .true. altrimenti è .false.

Vediamo allora degli esempi esemplificativi:

```
>>> a=5<3
>>> print(a)
False
>>> not a
True
```

in questo caso il confronto fornisce un risultato false e la negazione ne cambia il contenuto. Passiamo ad analizzare l'operatore and:

```
>>> A=5>3
>>> B=10<20
>>> A and B
True
```

entrambe le variabili assumono valore true e quindi il risultato è true. Infine passiamo all'operatore or:

```
>>> A=5>3
>>> B=10>20
>>> A or B
True
```

adesso una delle due variabili assume valore true e quindi il risultato è true.

Commenti

Al fine di rendere leggibile il codice, sarà possibile inserire delle righe di commento, che precedute dal simbolo # (hash), non saranno considerate dall'interprete Python, ma serviranno esclusivamente a spiegare lo scopo dell'istruzione. Python ci permette di inserire dei commenti attraverso l'inserimento del simbolo # all'inizio del commento, il codice inserito da tale punto sarà ignorato dall'interprete. Esempi dell'utilizzo di tale procedura sono riportati di seguito:

```
# Questo è un commento
nome = 'Luigi'   # Questo è un commento
```

I COMMENTI VENGONO INSERITI AL SOLO FINE DI RENDERE IL CODICE LEGGIBILE ED USABILE

Figura 3.11 – Commenti.

Negli esempi precedenti abbiamo verificato che un commento può essere inserito anche nella stessa riga contenente del codice.
Vediamo ora invece come procedere nel caso si volessero inserire dei commenti su più righe; in tal caso si può utilizzare ancora il simbolo #:

```
# Primo commento
# Secondo commento
# Terzo commento
```

Tutto quello che compare dopo il simbolo # e fino alla fine della riga è trascurato nell'esecuzione del programma.

Il commento allora è esclusivamente utilizzato dal programmatore per rendere più leggibile il codice e quindi migliorare la sua usabilità.

Numeri

Ogni numero in Python rappresenta un oggetto, o più precisamente un'istanza di una delle classi numeriche di Python ed allora essi ne rappresentano l'elemento essenziale, l'ambiente ideale in cui si muove il programmatore. A tal proposito è necessario apprendere come il linguaggio li rappresenti e quali siano i tipi di dati deputati a contenere tali informazioni. Python prevede cinque tipi numerici:

1) Int   - Numero Intero
2) Long   - Numero Intero lungo
3) Float   - Numero a virgola mobile
4) Complex - Numero complesso
5) Bool   - Valore logico

Ad eccezione del tipo booleano, tutti gli oggetti numerici sono dotati di un segno; inoltre tutti i tipi numerici sono immutabili.

Il tipo int è destinato a rappresentare i numeri interi in un range che va da -2147483648 a 2147483647 (tale intervallo di valori può essere più largo su macchine di livello superiore a quello dei comuni calcolatori).

Il tipo long è destinato a rappresentare i numeri interi in un range molto più ampio limitato solo dalla memoria disponibile sul calcolatore.

Quindi Python prevede due tipi interi, anche se tale distinzione dalla versione 3 del linguaggio è stata superata prevedendo di fatto un solo tipo intero, ma per le versioni precedenti è bene tenere conto di questa differenza.

Il tipo float è destinato a rappresentare i numeri in doppia precisione con approssimativamente 17 cifre di precisione ed un esponente che va in un range da −308 a 308. Tale tipo è simile al tipo double che troviamo nel linguaggio C.

Il tipo complex è destinato a rappresentare i numeri complessi con una coppia di numeri in doppia precisione. La parte reale e la parte immaginaria del numero complesso zeta possono essere richiamati attraverso le seguenti proprietà: zeta.real e zeta.imag.

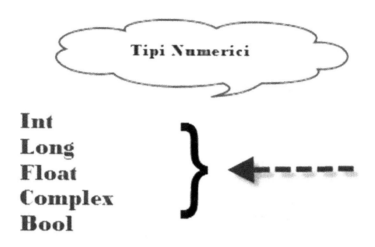

Figura 3.12 – Tipi numerici.

Il metodo `zeta.conjugate()` calcola il coniugato del numero complesso zeta, dove per coniugato di un numero complesso `zeta = a+bj` s'intende il numero `a-bj`.

Come già indicato il tipo `booleano` ha due soli valori: `true` e `false`. Tali valori sono rispettivamente associati ai valori numerici 1 e 0.

I tipi numerici in Python hanno una serie di proprietà e metodi pensati con l'intenzione di semplificare le operazioni più comunemente applicate in aritmetica. Al fine di semplificare la compatibilità con i numeri razionali i numeri interi in Python hanno le proprietà `x.numerator` e `x.denominator` che ci permettono di ricavare il numeratore e il denominatore di una frazione decimale; tali proprietà sono contenute nel modulo `fractions`.

Stringhe

In informatica una stringa è rappresentata da una sequenza di caratteri, composta di byte poiché Python tratta le stringhe con codifica ASCII e costituisce un potente e avanzato strumento per la gestione del testo. Le stringhe, come già anticipato, sono rappresentate attraverso delle sequenze di caratteri racchiusi tra virgolette (") o tra singoli apici ('). Python prevede la possibilità di utilizzare tre apici (singoli o doppi), per rappresentare delle stringhe lunghe, nel qual caso la stringa inizia e finisce con questo particolare delimitatore.

Le stringhe quindi possono contenere lettere dell'alfabeto, segni di punteggiatura, simboli, spazi e talvolta possono essere prive di caratteri, nel qual caso si tratterà di stringhe vuote cosiddette empty string.

Nell'utilizzo di Python, non ci dobbiamo preoccupare dello spazio occupato da una stringa, perché c'è lasciata assoluta libertà poiché siamo esonerati da tutto quello che riguarda la gestione della memoria. Le stringhe sono degli oggetti del tipo str che sono rappresentati come una sequenza di caratteri.

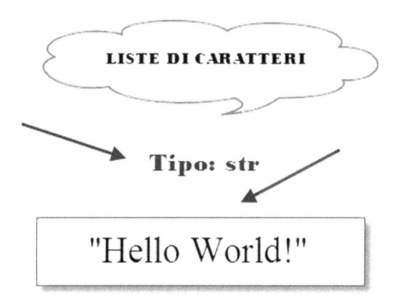

Figura 3.13 – Liste di caratteri.

Vediamo subito un esempio, analizzando il diffusissimo saluto dei programmatori:

```
>>> stringa = "Hello World!"
>>> stringa
'Hello World!'
>>> print(stringa)
Hello World!
```

In questo semplice esempio possiamo notare la differenza che passa tra richiamare la singola variabile e stamparne il contenuto a video.
Quando richiamiamo il valore di un'espressione, è utilizzato lo stesso formato che si usa per inserirla: nel caso delle stringhe questo significa che sono incluse le virgolette di delimitazione.

Mentre nell'utilizzo dell'istruzione `print` è stampato il valore dell'espressione, che nel caso delle stringhe corrisponde al loro contenuto. Le virgolette sono quindi rimosse.

In alcuni casi sarà necessario conoscere la lunghezza di una stringa al fine di poter estrarre alcuni suoi elementi, a tal proposito ci aiuta la funzione `len` che ci fornisce il numero di caratteri di una stringa:

```
>>> Spezie = "peperoncino"
>>> len(Spezie)
11
```

Dopo aver introdotto la stringa, vediamo come gestire l'accesso ai singoli caratteri delle stringhe che avviene attraverso il metodo `[]`, che si dimostra un efficace mezzo per la manipolazione di porzioni di stringhe.

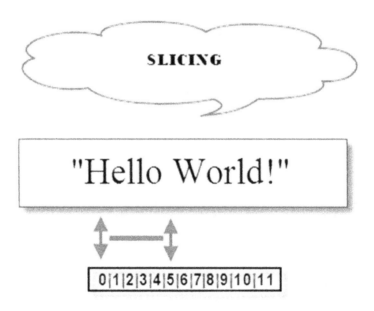

Figura 3.14 – Estrazione di una sottostringa.

Sarà allora possibile accedere a qualsiasi carattere di una stringa indicandone semplicemente l'indice:

```
>>> stringa = "Hello World!"
>>> stringa[0]
>>>'H'
```

È restituito, in questo modo, il carattere che occupa la prima posizione

(valore 0), che nel nostro caso riguarda il carattere "H". È altresì possibile, con l'utilizzo delle parentesi quadre [], detto operatore porzione (slice), accedere a particolari sottostringhe; in questo caso basterà indicare l'intervallo dei caratteri da estrapolare, attraverso l'indicazione della prima e dell'ultima posizione separate dal simbolo dei due punti (:).
Tale tecnica va sotto il nome di "slicing" e permette di tagliare una parte della lista di caratteri indicando l'indice iniziale che sarà incluso nella sottostringa e l'indice finale che invece sarà escluso dalla sottostringa. Omettendo uno dei due indici sarà possibile indicare a Python di andare fino in fondo alla stringa, mentre specificando nell'indice finale un numero negativo, i caratteri verranno contati a ritroso.

Ad esempio per estrarre dalla stringa indicata nell'esempio precedente la prima parola, cioè "Hello" si dovrà specificare tra parentesi quadre le posizioni 0 e 5 separate dal simbolo due punti:

```
>>> stringa[0:5]
>>> "Hello"
```

Nel caso si volesse estrarre una porzione della stringa a partire da un punto e fino alla fine della stringa basterà escludere dalla selezione il secondo estremo dell'intervallo:

```
>>> stringa[6:]
>>> World!
```

Infine si può specificare uno step nell'estrazione dei caratteri, dopo aver specificato l'indice iniziale e finale cosicché digitando:

```
>>> stringa[0:11:2]
>>> "HldWrd"
```

avremo specificato di estrarre la sottostringa che inizia dalla prima posizione e si estende fino alla fine con uno step pari a 2.
L'utilizzo d'indici negativi determina uno scorrimento a ritroso a partire dall'ultima posizione della stringa. Quindi, riferendoci come sempre alla stringa specificata in precedenza, avremo che stringa[-1] indicherà l'ultimo elemento, e allora:

```
>>> stringa[-6:-1]
>>> "World"
```

mentre per estrarre anche l'ultimo elemento della stringa potremo scrivere:

```
>>> stringa[-6:]
>>> "World!"
```

Questo perché, ribadiamo, nell'ipotesi venga omesso l'indice iniziale, l'estrazione partirà dal primo carattere, mentre nel caso venga omesso l'indice finale, l'estrazione arriverà fino all'ultimo carattere della stringa. In molti linguaggi di scripting le parentesi quadre sono utilizzate nel metodo di assegnazione []=, in questo caso l'argomento del metodo, quello cioè contenuto nelle parentesi, è utilizzato per indicare la posizione nella quale compiere l'assegnazione.

Nel caso di Python tutto questo non è ammesso in quanto le stringhe rappresentano degli oggetti immutabili quindi usare l'operatore porzione [] alla sinistra di un'assegnazione, con l'intenzione di cambiare un carattere di una stringa, provocherà un errore, prontamente segnalato dall'interprete.

Nell'esempio che segue, si è tentato di aggiungere alla stringa già vista in precedenza altri caratteri, ma l'operazione ha provocato un errore:

```
>>> stringa = "Hello World!"
>>> stringa[13:24] = " by Giuseppe"
Traceback (most recent call last):
  File "<stdin>", line 1, in <module>
TypeError: 'str' object does not support item assignment
```

Per aggiungere del testo a una stringa esistente potremo solo creare un'ulteriore stringa modificando quella esistente; accade così che attraverso la seguente riga di codice, potremo ad esempio aggiungere del testo alla stringa già creata in precedenza:

```
>>> stringa = stringa + " by Giuseppe"
>>> stringa
>>> "Hello World! by Giuseppe"
```

In questo esempio abbiamo visto l'utilizzo dell'operatore +, questo perché gli operatori aritmetici possono essere applicati anche alle stringhe; vediamo allora dei semplici esempi che ci illustrano come utilizzarli:

```
>>> stringa = "Giuseppe"+" Ciaburro"
```

```
>>> "Giuseppe Ciaburro"
```

L'operatore + allora si sarà comportato come un operatore di concatenazione poiché è stato applicato a stringhe; nel caso in cui gli argomenti fossero stati dei numeri, naturalmente si sarebbe eseguita la somma.

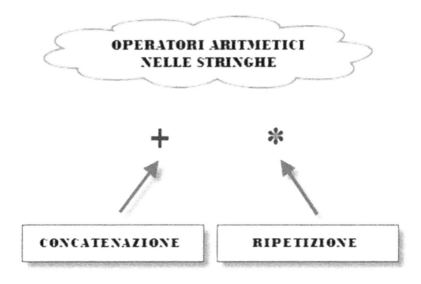

Figura 3.15 – Operazioni sulle stringhe.

Oltre ad essere sommate, le stringhe, possono essere anche moltiplicate per una costante, con il significato che la stessa è ripetuta tante volte quante ne specifica il valore della costante:

```
>>> stringa*2
>>> "Giuseppe CiaburroGiuseppe Ciaburro"
```

Nel caso tentassi di applicare gli operatori aritmetici con argomenti di tipo diverso (ad esempio somma di una stringa e di un numero), otterrei un messaggio di errore.

```
>>> stringa + 10
Traceback (most recent call last):
  File "<stdin>", line 1, in <module>
TypeError: Can't convert 'int' object to str implicitly
```

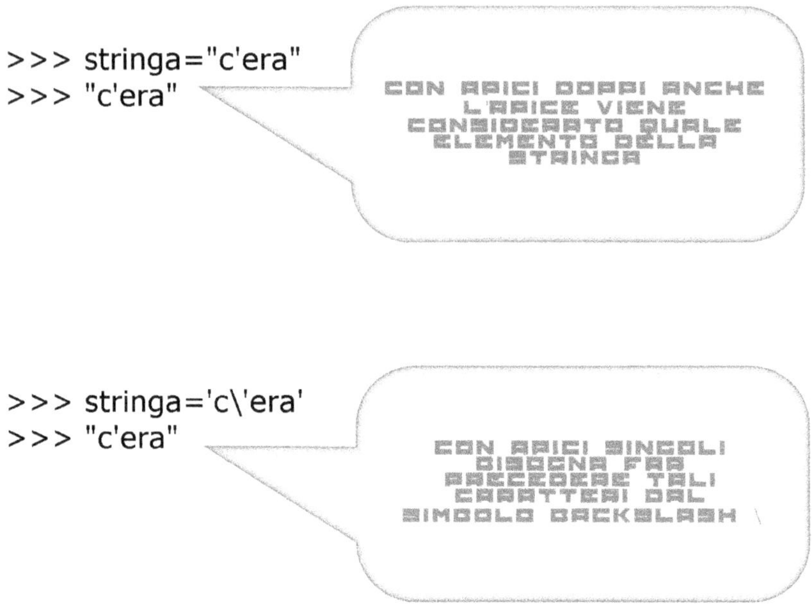

```
>>> stringa="c'era"
>>> "c'era"
```

> CON APICI DOPPI ANCHE
> L'APICE VIENE
> CONSIDERATO QUALE
> ELEMENTO DELLA
> STRINGA

```
>>> stringa='c\'era'
>>> "c'era"
```

> CON APICI SINGOLI
> BISOGNA FAR
> PRECEDERE TALI
> CARATTERI DAL
> SIMBOLO BACKSLASH \

Figura 3.16 – Utilizzo degli apici nelle stringhe.

Abbiamo detto che per rappresentare una stringa è necessario utilizzare gli apici (doppi o singoli). Ma cosa accade se avverto l'esigenza di introdurre una stringa che contiene un apice?

Allora una soluzione a tale problema si ottiene facendo precedere tali caratteri dal simbolo backslash (\); tale carattere speciale è detto di escape e permette di specificare che l'apice fa parte integrante della stringa.

Ciò vale solo se si è utilizzata la notazione con apici singoli perché nella notazione con apici doppi anche l'apice sarà considerato quale elemento della stringa.

```
>>> stringa="c'era"
>>> "c'era"
>>> stringa='c\'era'
>>> "c'era"
```

Una stringa può essere combinata con dati contenuti in variabili attraverso l'utilizzo della virgola; abbiamo, infatti, la possibilità di inserire il contenuto di una variabile o la valutazione di espressioni separando la stringa con il delimitatore virgola. Vediamo un esempio:

```
>>> var = 12
>>> print('Luigi ha', var, ' anni')
Luigi ha 12 anni
```

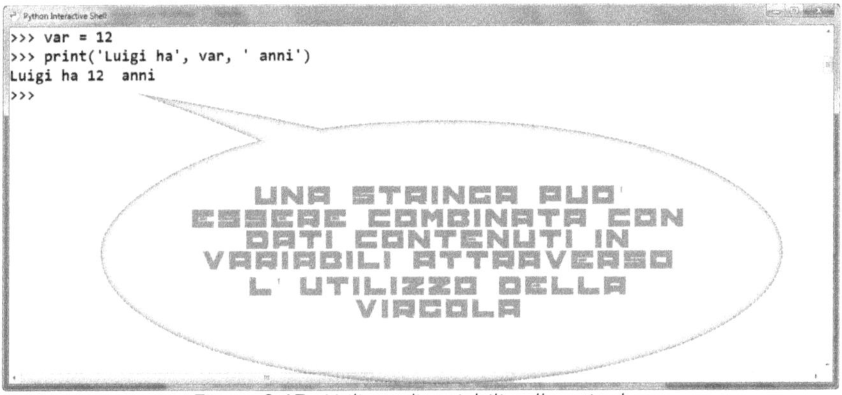

Figura 3.17– Utilizzo di variabili nelle stringhe.

Una stringa può essere sottoposta a una sorta di controllo per verificare l'uguaglianza, allora scrivendo:

```
>>> var ='simone'
>>> 'simone'
>>>var == 'simone'
  true
```

Avremo in questo modo constatato che la variabile var contiene la stringa simone ed il controllo ha fornito come risultato la variabile true.

In questo modo è estremamente facile controllare, se un elemento è contenuto in una sequenza.

Possiamo ad esempio utilizzare l'operatore in oppure not per questo scopo.

L'esempio seguente mostra come quest'operatore può essere applicato in un caso concreto:

```
>>> lettere = ["a","b","c","d","e"]
>>> "a" in lettere
True
>>> "a" not in lettere
False
>>> "f" in lettere
False
>>> "f" not in lettere
```

```
True
```

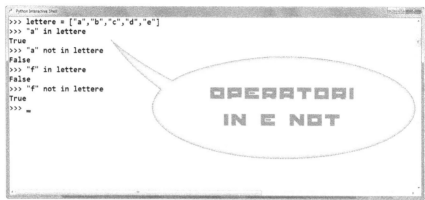

Figura 3.18– Utilizzo degli operatori in e not.

Capitolo quarto
Collezioni di dati

Analizzeremo ora come sono trattate le collezioni di dati in ambiente Python; quest'argomento riveste un ruolo fondamentale nella programmazione poiché l'elaborazione dei dati fa un uso intensivo di tali tecniche. Vedremo allora come sono trattate le liste, l'utilizzo degli insiemi ed infine come usufruire dei vantaggi offerti dai dizionari.

Liste

Una lista rappresenta una serie ordinata di oggetti, ciascuno individuato da un indice; tali oggetti sono detti elementi e possono essere modificati perché le liste rappresentano degli oggetti mutabili. Gli elementi delle liste possono essere eterogenei nel senso che non è necessario, come invece accade per altri tipi di oggetti, che gli elementi siano tutti dello stesso tipo.

Una lista è definita utilizzando le parentesi quadre come delimitatore e separando i suoi elementi con delle virgole:

```
>>> lista = [1,2,3,4]
```

Poiché le liste che contengono numeri interi consecutivi sono utilizzate di frequente, Python offre un modo veloce per crearle e cioè l'utilizzo del metodo range. Il metodo range accetta due argomenti e fornisce una lista che contiene tutti gli interi dal primo (incluso) al secondo (escluso). Vediamone un esempio:

```
>>> range(1,5)
```

Che produce la lista seguente:

```
[1, 2, 3, 4]
```

Mentre:

```
>>> range(10)
```

Produce la lista:

```
[0, 1, 2, 3, 4, 5, 6, 7, 8, 9]
```

Come abbiamo detto gli elementi di una lista possono essere eterogenei:

```
>>> lista = [1,2,3,"ciao"]
```

infatti in questo caso i primi tre elementi sono dei numeri interi mentre il quarto elemento rappresenta una stringa.

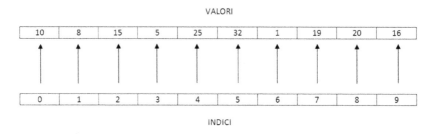

Figura 4.1 – Indici e valori di una lista.

È possibile inserire una lista all'interno di un'altra lista, si parlerà in tal caso di liste annidate. Ad esempio:

```
>>> a=[1,2,3,4]
>>> b=["ciao",10,20,a]
>>> print(b)
['ciao', 10, 20, [1, 2, 3, 4]]
```

Così come per le stringhe anche per le liste è possibile accedere agli elementi che la compongono attraverso l'utilizzo degli indici, operazione questa detta di **slicing**. Per fare questo basterà inserire l'indice dell'elemento tra parentesi quadre:

```
>>> a[1]
2
```

A tal proposito ricordiamo che gli elementi di una lista sono indicizzati a partire dalla posizione 0. Per accedere al primo elemento di una lista dovremo scrivere:

```
>>> a[0]
1
```

Mentre per accedere all'ultimo elemento della lista Python ci permette di utilizzare una comoda scorciatoia e cioè di partire nel conteggio dalla fine della lista. Allora il seguente codice:

```
>>> a[-1]
4
```

ci consente di accedere all'ultimo elemento della lista. Vediamo ora come utilizzare i potenti operatori di **slicing** con le liste. A tal proposito definiamo una nuova lista:

```
lista=["primo","secondo","terzo","quarto"]
```

Come abbiamo già indicato per accedere ad un singolo elemento della lista basterà digitare:

```
>>> lista[2]
'terzo'
```

Vediamo ora come estrarre un intervallo di valori: per farlo dovremo utilizzare l'operatore : (due punti). Vediamo come:

```
>>> lista[1:3]
['secondo', 'terzo']
```

Com'è possibile verificare dal codice appena visto, attraverso l'operatore : (due punti) potremo indicare un intervallo di valori che va dal primo indice (incluso) al secondo (escluso).
Se è omesso un indice, allora Python partirà dal primo elemento della lista se è stato omesso il primo indice, mentre arriverà fino all'ultimo elemento se manca il secondo.

```
>>> lista[:3]
['primo', 'secondo', 'terzo']
>>> lista[1:]
['secondo', 'terzo', 'quarto']
```

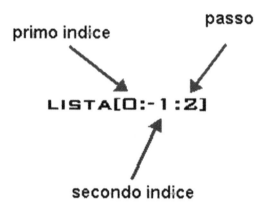

Figura 4.2 – Slicing di una lista.

È possibile indicare anche un passo, nella estrazione di elementi da una lista in un certo intervallo di indici; ad esempio:

```
>>> lista=[1,2,3,4,5,6,7,8,9]
>>> lista[0:-1:2]
[1, 3, 5, 7]
```

Abbiamo così estratto gli elementi della lista a partire dal primo con passo due fino all'ultimo elemento indicato con indice -1.

In alcuni casi avvertiremo l'esigenza di conoscere la lunghezza di una lista, in tal caso Python ci viene in soccorso mettendoci a disposizione la funzione len; ad esempio:

```
>>> len(lista)
4
```

Python non mette un limite agli elementi che compongono una lista, e quindi il nostro oggetto potrà essere lungo quanto vogliamo, ma sarà possibile anche definire una lista vuota cioè priva di elementi:

```
>>> listavuota = []
>>> len(listavuota)
0
```

Vediamo ora due operatori che abbiamo già imparato ad usare nel caso dei tipi numerici e delle stringhe; mi riferisco agli operatori + e *.

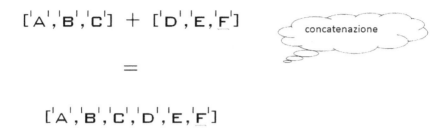

Figura 4.3 – Concatenazione di due liste.

Partiamo dall'operatore + che sappiamo utilizzare in aritmetica quale operatore di addizione, mentre nel caso delle liste rappresenta l'operatore di concatenazione, cosicché gli elementi della seconda lista sono accodati a quelli della prima lista:

```
>>> listauno = ['a','b','c']
>>> listadue = ['d','è','f']
>>> lista_conc = listauno + listadue
>>> lista_conc
['a','b','c','d','è','f']
```

L'operatore * ci consente, invece, di concatenare in modo ripetitivo una lista:

```
>>> listauno = [1,2,3]
>>> lista_tot = listauno * 2
>>> lista_conc
[1,2,3,1,2,3]
```

$$[1,2,3] * 2$$

$$=$$

$$[1,2,3,1,2,3]$$

Figura 4.4 – Ripetizione di una lista.

A questo punto, dopo aver imparato a manipolare almeno in parte le liste, analizziamo una serie di funzioni che ci aiutano non poco in questo importante lavoro.

Per iniziare vediamo come sia possibile aggiungere un elemento in fondo alla lista, in questo caso ci aiuta la funzione append() dell'oggetto lista:

```
>>> listanuo = [1,2]
>>> listauno.append(3)
>>> print(listauno)
[1,2,3]
```

Che cosa accade, se utilizziamo la funzione appena vista per aggiungere alla lista una nuova lista? Vediamolo in un esempio:

```
>>> listanuo = [1,2,3]
>>> listauno.append([4,5,6])
>>> print(listauno)
[1,2,3,[4,5,6]]
```

Com'è possibile verificare la funzione append ha si aggiunto in coda alla lista gli elementi indicati, ma li ha inseriti come un unico oggetto lista, abbiamo cioè creato una lista annidata.

Per evitare tutto questo possiamo utilizzare la funzione extend() che invece estende la lista di partenza ed aggiunge i nuovi elementi in coda:

```
>>> listanuo = [1,2,3]
>>> listauno.extend([4,5,6])
>>> print(listauno)
[1,2,3,4,5,6]
```

Una lista può invece essere ordinata con le funzioni sort() e reverse():la funzione sort la ordina in senso crescente mentre la funzione reverse la ordina in senso decrescente.

```
>>> listauno = ['c','a','d','b']
>>> listauno.sort()
>>> print(listauno)
['a','b','c','d']
>>> listauno.reverse()
>>> print(listauno)
['d','c','b','a']
```

Per recuperare l'indice in cui è posizionato un preciso elemento, basterà utilizzare il metodo index():

```
>>> listauno = ['a','b','c','d']
>>> listauno.index('d')
3
```

Il metodo `index` ci ha in questo modo indicato che la stringa "d" occupa la terza posizione (a tal proposito ricordiamo che Python indicizza le liste a partire dalla posizione 0).

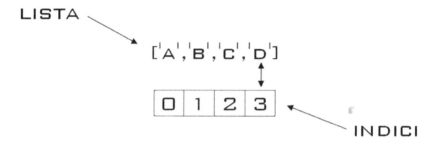

Figura 4.5 – Posizione di elemento in una lista.

Com'è facile intuire tale funzione può ritornare particolarmente utile per eseguire delle ricerche di un elemento in una lista. Per cancellare un elemento da una lista utilizzeremo invece il metodo `del`:

```
>>> listauno = ['a','b','c','d']
>>> del listauno[2]
>>> print(listauno)
[a','b','d']
```

Passiamo ora alla funzione `count()` che restituisce il numero di volte in cui un dato elemento compare nella lista; è evidente l'utilità di una tale funzione nel controllo degli elementi appartenenti ad una determinata lista.

```
>>> listauno = ['a','b','c','d','a','e','f','g','a']
>>> listauno.count('a')
3
```

Abbiamo in questo modo verificato l'occorrenza di tre volte della stringa 'a' nella lista considerata. La funzione `index()` restituisce l'indice del primo elemento della lista, il cui valore è pari all'elemento indicato tra le parentesi tonde. È invece sollevato un errore nel caso in cui tale elemento non sia presente nella lista.

```
>>> listauno = ['a','b','c','d']
>>> listauno.index('c')
2
>>> listauno.index('e')
Traceback (most recent call last):
  File "<stdin>", line 1, in <module>
ValueError: list.index(x): x not in list
```

La funzione insert() ci permette di inserire un elemento in una data posizione.

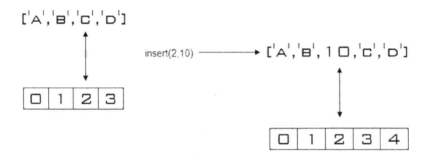

Figura 4.6 – Inserimento di un elemento in una lista.

Il primo argomento della funzione rappresenta l'indice della posizione che l'elemento dovrà occupare nella lista, mentre il secondo rappresenta appunto l'elemento.

```
>>> listauno = ['a','b','c','d']
>>> listauno.insert(2,10)
>>> print(listauno)
['a', 'b', 10, 'c', 'd']
```

La funzione pop() ci consente di rimuovere un elemento che si trova in una data posizione nella lista, e restituirlo al prompt dell'interprete. Se nessun indice è specificato, la funzione rimuove e restituisce l'ultimo elemento della lista.

```
>>> listauno=['a', 'b', 10, 'c', 'd']
>>> listauno.pop(2)
10
>>> print(listauno)
['a', 'b', 'c', 'd']
>>> listauno.pop()
```

```
'd'
>>> print(listauno)
['a', 'b', 'c']
```

La funzione remove() ci consente di rimuovere il primo elemento della lista il cui valore è pari a quello indicato tra parentesi. È invece sollevato un errore nel caso in cui tale elemento non sia presente nella lista.

```
>>> listauno=['a', 'b', 'c']
>>> listauno.remove('c')
>>> print(listauno)
['a', 'b']
>>> listauno.remove('d')
Traceback (most recent call last):
  File "<stdin>", line 1, in <module>
ValueError: list.remove(x): x not in list
```

Un utile strumento, nella ricerca di un determinato valore all'interno di una lista, è rappresentato dall'operatore in. Tale operatore è diffusamente utilizzato, come vedremo di seguito, nelle strutture per il controllo del flusso delle informazioni, ma in generale rappresenta una pratica soluzione per effettuare delle ricerche all'interno degli oggetti che Python ci mette a disposizione. Ad esempio, a proposito delle liste, possiamo tranquillamente eseguire la ricerca di un elemento e nel caso tale elemento fosse presente si otterrebbe un valore affermativo booleano come risultato.

```
>>> lista=[1,2,3,5]
>>> 2 in lista
True
>>> 4 in lista
False
>>> lista=['a','b','c','d']
>>> 'a' in lista
True
>>> 'e' in lista
False
```

Tuple

Una tupla rappresenta una serie ordinata di oggetti, ciascuno individuato da un indice, tali oggetti sono detti elementi e non possono essere modificati poiché le tuple sono degli oggetti immutabili. Dalla definizione si nota la notevole similitudine esistente tra le liste e le tuple, possiamo, infatti, dire che le tuple rappresentano delle liste immutabili. Con questo s'intende che gli elementi di una tupla, a differenza di quelli di una lista, non possono essere modificati né aggiunti o eliminati. In base a tali caratteristiche, le tuple vengono utilizzate quando si necessita che i dati una volta creati non vengano più modificati.

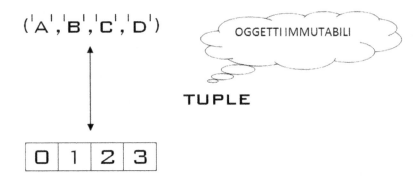

Figura 4.7 – Le tuple di Python.

Le tuple sono definite attraverso l'utilizzo delle parentesi tonde, a differenza delle liste che come abbiamo visto fanno uso delle parentesi quadre:

```
>>> tupla = (1,2,3)
>>> tupla = ('a','b','c')
>>> tupla =('a',1)
```

Gli operatori che abbiamo visto operare sulle liste, valgono anche per le tuple, salvo quelli che ne modificano gli elementi che per le tuple non hanno valore.
Vediamo qualche esempio di applicazione di tali operatori con le tuple:

```
>>> tuplauno = (1,2,3)
>>> print (tuplauno[0])
1
>>> print (tupla*2)
(1, 2, 3, 1,2,3)
>>> tupladue= ('a','b','c')
>>> tupla = tuplauno + tupladue
>>> print (tupla)
(1, 2, 3, 'a', 'b', 'c')
>>> len(tupla)
6
```

Le tuple, grazie anche all'impossibilità di essere modificate sono molto più efficienti, in termini di tempo di esecuzione e di utilizzo della memoria, rispetto alle liste, ma di contro si presentano molto meno manipolabili rispetto alle prime. Abbiamo detto che sulle tuple non possiamo operare alcuna modifica, vediamo allora cosa accade se tentiamo di farlo:

```
>>> tuplauno[2]=10
Traceback (most recent call last):
  File "<stdin>", line 1, in <module>
TypeError: 'tuple' object does not support item assignment
```

come volevasi dimostrare è sollevato un errore con un messaggio che ci avverte che l'oggetto tupla non supporta l'operatore di assegnazione. Anche per le tuple è possibile utilizzare l'operatore in, la procedura è esattamente uguale a quella vista per le liste:

```
>>> tupla=(1,2,3,5)
>>> 2 in tupla
True
>>> 4 in tupla
False
>>> tupla =('a','b','c','d')
>>> 'a' in tupla
True
>>> 'e' in tupla
False
```

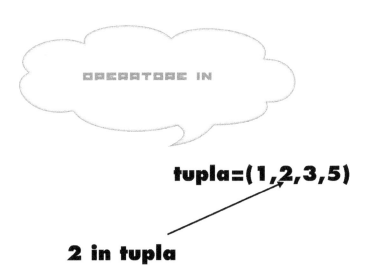

Figura 4.8 – L'operatore in con le tuple.

Se nel nostro lavoro ci capita di dover creare una tupla con un singolo elemento, allora dobbiamo ricordare di aggiungere una virgola finale, dopo aver inserito l'elemento, questo perché altrimenti Python tratterà l'oggetto come una stringa tra parentesi. Vediamolo con un esempio:

```
>>> tupla=('ciao')
>>> type(tupla)
<class 'str'>
>>> tupla=('ciao',)
>>> type(tupla)
<class 'tuple'>
```

Abbiamo posto l'accento sul fatto che le tuple essendo oggetti immutabili non possono essere modificate, ma nessuno ci vieta di rimpiazzarla con una sua copia modificata:

```
>>> tupla = ('a', 'b', 'c', 'd', 'e')
>>> tupla = ('A',) + tupla[1:]
>>> tupla
('A', 'b', 'c', 'd', 'e')
```

Ricapitolando ricordiamo che una tupla è definita in modo equivalente a quello visto per le lista, tranne che per l'uso delle parentesi tonde al posto delle quadre. Così come per liste anche per le tuple gli elementi assumono un ordine definito dagli indici, che come per le liste partono da zero, quindi il primo elemento di una tupla non vuota è sempre `tupla[0]`. Anche in questo caso gli indici negativi sono contati dalla fine dell'oggetto.

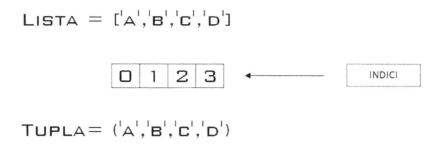

Figura 4.9 – Liste e tuple.

Lo **slicing** funziona come nelle liste, è opportuno rilevare che così come quando si esegue lo slicing su una lista si ottiene una nuova lista, anche quando si esegue lo slicing su una tupla si ottiene una nuova tupla. Ma le tuple non hanno metodi, non è possibile allora aggiungerne elementi non essendo possibile applicare i metodi `append` ed `extend`. Così come non è possibile rimuovere elementi da una tupla non essendo previsti i metodi `remove` o `pop`. Non è inoltre possibile la ricerca di elementi in una tupla perché non è presente il metodo `index`, in alternativa, come abbiamo visto, si può utilizzare l'operatore `in`.

Dopo aver considerato i limiti offerti dalle tuple vediamo ora quali sono le caratteristiche che ne hanno giustificato l'adozione. Ad esempio possiamo affermare che le tuple si manifestano più veloci delle liste con un notevole risparmio di risorse in modo particolare quando i suoi elementi sono sottoposti a iterazione. Si può migliorare la sicurezza del codice proteggendolo dalla sovrascrittura accidentale dei dati che come sappiamo in una tupla non possono essere modificati.

Le tuple infine possono essere convertite in liste e viceversa. La funzione built-in `tuple` accetta una lista e fornisce una tupla con gli stessi elementi, mentre la funzione `list` accetta una tupla e fornisce una lista.

Gli insiemi

Gli **insiemi** (set) rappresentano degli oggetti costituiti da una collezione non ordinata di valori. Essi sono utilizzati ogni qualvolta si avverte la necessità di utilizzare gruppi di dati non ordinati e senza ripetizioni, questo perché per un insieme è prevista la rimozione dei duplicati da una sequenza.

Si è parlato di collezione non ordinata di elementi, poiché per gli insiemi non si registra la posizione degli elementi o l'ordine di inserimento quindi non è supportata l'indicizzazione, lo slicing o gli altri metodi tipici delle sequenze. Mentre è garantita la ricerca negli elementi di un insieme, cosicché è consentito utilizzare l'operatore `in`, l'iterazione tra i suoi elementi con la possibilità di utilizzarli nelle strutture per il controllo del flusso.

In realtà gli insiemi sono di due tipi: `set` e `frozenset`. La differenza esistente tra i due tipi consiste nel fatto che l'insieme `set` è mutabile, cioè il suo contenuto può essere modificato utilizzando dei metodi consentiti dal tipo, mentre l'insieme `frozenset` è immutabile e allora il suo contenuto non può subire mutazioni.

Vediamo ora come si definisce un insieme `set`, in tal caso è utilizzata una parola "chiave" specifica anziché un carattere speciale.

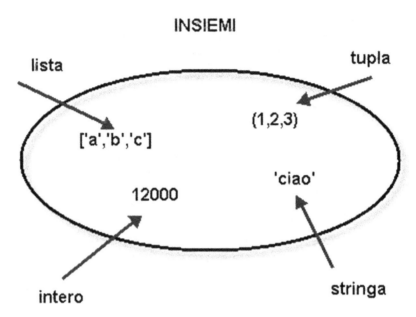

Figura 4.10 – Insiemi in Python.

In particolare la parola "chiave" è set:

```
>>> insieme=set('ciao')
>>> print(insieme)
{'i', 'a', 'c', 'o'}
>>> insieme=set('hello')
>>> print(insieme)
{'h', 'e', 'l', 'o'}
```

Come già detto è possibile verificare che l'insieme non è ordinato e non conserva l'ordine d'inserzione, così come possiamo costatare che non sono previste ripetizioni di elementi uguali, nel nostro caso una delle due 'l' di 'hello' è stata omessa.

Nel caso precedente come argomento della classe set abbiamo utilizzato una stringa, ma in realtà l'argomento può essere una qualsiasi sequenza quindi anche una lista o una tupla:

```
>>> insieme=set(['a','b','c','d'])
>>> print(insieme)
{'a', 'c', 'b', 'd'}
>>> insieme=set(('a','b','c','d'))
>>> print(insieme)
{'a', 'c', 'b', 'd'}
```

Sugli insiemi è possibile compiere le operazioni previste dall'insiemistica matematica quali unione, differenza, intersezione e differenza simmetrica (fig.4.12).

Vediamole nel dettaglio a partire dall'insieme unione che è ottenuto attraverso l'utilizzo dell'operatore | (barra verticale) o con la parola chiave `union`:

```
>>> ins1=set('abc')
>>> ins2=set('def')
>>> ins=ins1|ins2
>>> print(ins)
{'a', 'c', 'b', 'e', 'd', 'f'}
```

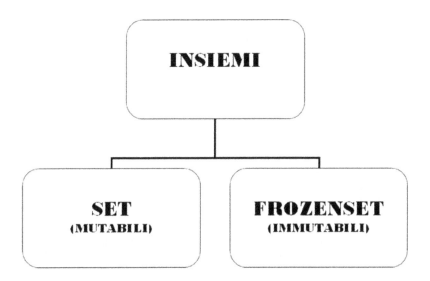

Figura 4.11 – Tipi di Insiemi.

L'insieme differenza che si ottiene a partire da due insiemi attraverso l'utilizzo dell'operatore - (meno) o con la parola chiave `difference`:

```
>>> ins1=set('abc')
>>> ins2=set('abd')
>>> ins=ins1-ins2
>>> print(ins)
{'c'}
```

L'insieme intersezione che si ottiene a partire da due insiemi attraverso l'utilizzo dell'operatore & (e commerciale) o con la parola chiave `intersection`:

```
>>> ins1=set('abc')
>>> ins2=set('aqc')
>>> ins=ins1&ins2
>>> print(ins)
{'a', 'c'}
```

L'insieme differenza simmetrica, che contiene gli elementi presenti nei due insiemi ma non quelli in comune, si ottiene a partire da due insiemi attraverso l'utilizzo dell'operatore ^ (accento circonflesso) o con la parola chiave symmetric_difference:

```
>>> ins1=set('abc')
>>> ins2=set('aqc')
>>> ins=ins1^ins2
>>> print(ins)
{'q', 'b'}
```

L'insieme set in quanto mutabile, non ha una lunghezza fissa (valore hash) ed allora non può essere utilizzato quale chiave di un dizionario o elemento di un altro insieme.

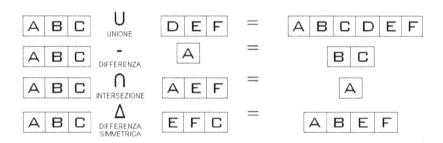

Figura 4.12 – Operazioni sugli insiemi.

L'insieme di tipo frozenset invece è immutabile, quindi il suo contenuto non può essere modificato una volta creato, ha allora lunghezza fissa (valore hash) e può essere utilizzato quale chiave di un dizionario o come un elemento di un altro insieme.

Anche per gli insiemi è possibile usufruire dell'operatore in che ci permette in modo semplice e immediato di verificare la presenza di uno specifico elemento all'interno dell'oggetto:

```
>>> insieme=set('abcd')
>>> 'a' in insieme
```

```
True
>>> 'e' in insieme
False
>>> 'a' not in insieme
False
>>> 'e' not in insieme
True
```

In tale esempio, abbiamo inoltre utilizzato la notazione not in che rappresenta una variante dell'operatore in poiché verifica che l'elemento non sia un membro dell'insieme. Anche per gli oggetti insieme è possibile utilizzare il metodo len per valutarne il numero di elementi:

```
>>> insieme=set('abcd')
>>> len(insieme)
4
```

È inoltre possibile eseguire una copia di un oggetto set attraverso il metodo copy, che effettua una copia membro a membro (shallow copy) dell'oggetto che è indicato nell'argomento:

```
>>> insieme=set('abcd')
>>> ins2=ins1.copy
>>> print(ins2)
<built-in method copy of set object at 0x0000000002265F28>
```

Una volta applicato il metodo, la stampa dell'oggetto ci restituisce un messaggio che ci ricorda che il nuovo insieme ins2 rappresenta una copia dell'insieme ins1 e ne specifica la locazione di memoria. Passiamo ora a esaminare dei metodi che ci permettono di confrontare due insiemi, in particolare che ci permettono di verificare se gli elementi di un insieme sono presenti in un altro insieme.

I metodi che vedremo sono issubset (<=) e issuperset (>=): allora ins1.issubset.ins2 ci permette di verificare se gli elementi presenti nell'insieme ins1 sono presenti anche in ins2 mentre ins1.issuperset.ins2 ci permette di verificare se gli elementi presenti nell'insieme ins2 sono presenti anche in ins1.
Vediamo l'applicazione di tali metodi in un esempio:

```
>>> ins1=set('abcd')
>>> ins2=set('abcdefg')
>>> ins1<=ins2
True

>>> ins1>=ins2
```

```
False
```

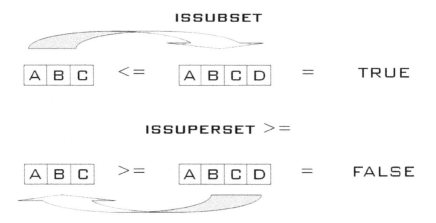

Figura 4.13 – Metodi issubset e issuperset.

Tutti i metodi appena visti si applicano indifferentemente sia agli insiemi set sia a quelli frozenset, passiamo ora a vedere quelli che invece sono essenzialmente tesi a modificare gli elementi di un insieme, e per questa ragione si applicano solo ed esclusivamente agli insiemi set.

Un insieme set, che abbiamo detto, essere mutabile, può essere modificato con i metodi add() e remove(). Vediamo come negli esempi seguenti:

```
>>> ins=set('abc')
>>> ins.add('d')
>>> print(ins)
{'a', 'c', 'b', 'd'}
>>> ins.remove('d')
>>> print(ins)
{'a', 'c', 'b'}
```

Il metodo update ci permette di aggiornare un dato insieme con l'aggiunta di nuovi elementi; la notazione ins1.update(ins2) equivalente a ins1 |= ins2 ci restituisce l'insieme ins1 con l'aggiunta degli elementi contenuti in ins2.

```
>>> ins1=set('abc')
>>> ins2=set('def')
>>> ins1 |= ins2
>>> print(ins1)
{'a', 'c', 'b', 'e', 'd', 'f'}
```

Il metodo `discard` ci consente di rimuovere un elemento da un dato insieme; la notazione da utilizzare è la seguente:

```
>>> ins1=set('abc')
>>> ins1.discard('a')
>>> print(ins1)
{'c', 'b'}
```

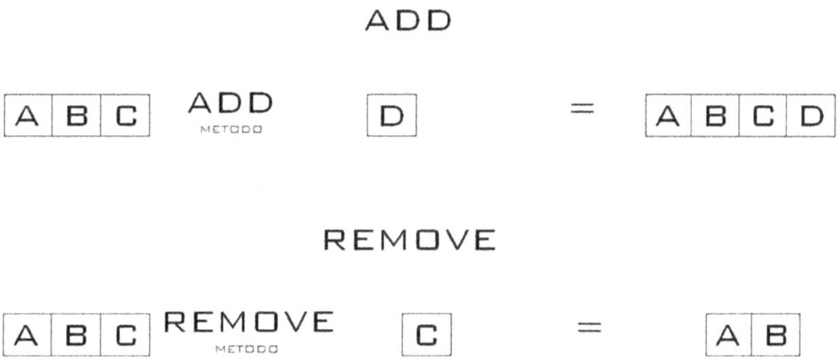

ADD

| A | B | C | ADD
METODO | | D | | = | | A | B | C | D |

REMOVE

| A | B | C | REMOVE
METODO | | C | | = | | A | B |

Figura 4.14 – Metodi add e remove.

Il metodo `pop` rimuove e restituisce un elemento arbitrario da un dato insieme; nell'ipotesi in cui l'insieme fosse vuoto sarebbe sollevata una eccezione `KeyError`:

```
>>> ins=set('abc')
>>> print(ins)
{'a', 'c', 'b'}
>>> ins.pop()
'a'
>>> ins.pop()
'c'
>>> ins.pop()
'b'
>>> ins.pop()
Traceback (most recent call last):
  File "<stdin>", line 1, in <module>
KeyError: 'pop from an empty set'
```

Infine il metodo `clear` rimuove tutti gli elementi dall'insieme:

```
>>> ins=set('abc')
>>> ins.clear()
>>> print(ins)
set()
```

Possiamo in definitiva dire che solitamente l'oggetto `insieme` è utilizzato per verificare l'appartenenza dei suoi elementi ed eliminare gli elementi duplicati.

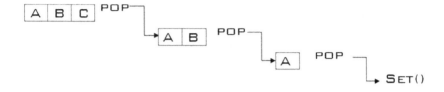

Figura 4.15 – Il metodo pop.

I dizionari

Esistono poi delle particolari liste denominate **dizionari**; si tratta nella pratica di array associativi, quindi oggetti sostanzialmente simili agli array ma che fanno uso d'indici diversi. Infatti, a differenza delle liste che utilizzano solo ed esclusivamente dei numeri interi, i dizionari possono adottare quali indici un qualsiasi oggetto Python purché immutabile ad esempio stringhe, tuple ma anche numeri.

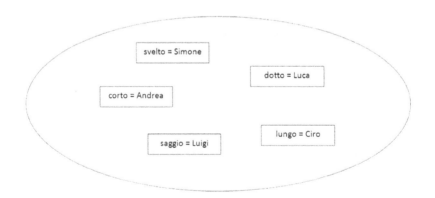

Figura 4.16 – Il dizionario amici.

In questo caso all'atto del salvataggio di un valore, sarà necessario specificare sia l'indice (chiave) sia il valore a esso associato e la corrispondenza tra i due elementi sarà indicata attraverso il simbolo : (due punti); il tutto racchiuso in parentesi graffe. Una volta fatto questo, per richiamare un valore di un dizionario, basterà fare riferimento al suo indice. I dizionari non mantengono l'ordine d'inserimento dei dati, quindi dopo aver inserito le coppie chiave-valore, nella stampa non troveremo necessariamente lo stesso ordine con il quale abbiamo inserito i dati, ma questi saranno memorizzati in modo random quindi del tutto casuale.

Anche i dizionari così come le liste rappresentano oggetti eterogenei nel senso che non è necessario, come invece accade per altri tipi di oggetti, che gli elementi siano tutti dello stesso tipo.

I dizionari sono mutabili, questo vuol dire che possiamo facilmente aggiungere o rimuovere elementi, ma poiché non sono ordinati, non possiamo riferirci a una specifica posizione attraverso un indice e quindi non è possibile eseguire su di essi tutte le operazioni viste finora.

I dizionari sono definiti utilizzando le parentesi graffe {} ed inserendo le coppie chiave-valore separate dal simbolo : (due punti) ed infine frapponendo una virgola tra gli elementi. Per comprenderne meglio il significato vediamo un esempio, nel quale abbiamo utilizzato i nomignoli associati ad alcuni amici per creare un dizionario contenente tutti i nostri amici, e abbiamo utilizzato diversi modi, quelli consentiti, per creare lo stesso dizionario:

```
>>>diz={"corto" : "Andrea","lungo" : "Ciro","dotto" : "Luca"}
>>>diz=dict({"corto":"Andrea","lungo":"Ciro","dotto":"Luca"})
>>>diz=dict(corto="Andrea",lungo="Ciro",dotto="Luca")
>>>diz=dict([("corto","Andrea"),("lungo","Ciro"),("dotto","Luca")])
>>>diz=dict(zip(("corto","lungo","dotto"),("Andrea","Ciro","Luca")))
```

Nel primo caso abbiamo semplicemente utilizzato le parentesi graffe per gli altri invece abbiamo utilizzato la parola chiave `dict` con diverse sfumature.

Per la stampa dei singoli elementi del dizionario `amici` possiamo utilizzare la stessa sintassi d'indicizzazione delle liste:

```
>>>amici={"corto" : "Andrea","lungo" : "Ciro","dotto" : "Luca"}
>>> print (amici["lungo"])
Ciro
>>> print (amici["dotto"])
Luca
>>> print (amici["corto"])
Andrea
```

Quando si cerca di accedere a indici non presenti nel dizionario è restituito un messaggio di errore che possiamo identificare come il risultato di una chiamata ad indici inesistenti:

```
>>> print (amici["bello"])
Traceback (most recent call last):
  File "<stdin>", line 1, in <module>
KeyError: 'bello'
```

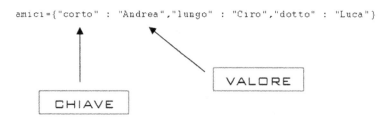

Figura 4.17 – Coppia chiave-valore.

È possibile conoscere il numero di elementi di un dizionario mediante la funzione `len()`:

```
>>> len(amici)
3
```

Nel caso in cui non siano inseriti elementi tra le parentesi, si creerà un oggetto particolare rappresentato dal dizionario vuoto (`{}`):

```
>>> diz.vuoto = {}
>>> len(diz.vuoto)
0
```

Per aggiungere un elemento a un dizionario si utilizza la solita sintassi prevista dal Python:

```
>>> diz1={}
>>> diz1['a']=1
>>> diz1['b']=2
>>> diz1['c']=3
>>> print(diz1)
{'a': 1, 'c': 3, 'b': 2}
```

La funzione `del` ci permette di rimuovere elementi da un dizionario, vediamone un'applicazione:

```
>>> print(amici)
{"corto" : "Andrea","lungo" : "Ciro","dotto" : "Luca"}
>>> del amici["dotto"]
>>> print(amici)
{'lungo': 'Ciro', 'corto': 'Andrea'}
```

```
diz_vuoto = {}    ◄─────────►    DIZIONARIO VUOTO    ◄─────────►    LEN = 0


                                              DIZIONARIO CON TRE ELEMENTI


amici={"corto" : "Andrea","lungo" : "Ciro","dotto" : "Luca"}


                                                    LEN = 3
```

Figura 4.18 – Dizionario vuoto e lunghezza di un dizionario con elementi.

I metodi associati a un dizionario sono molteplici: di seguito ne vediamo alcuni con un esempio sulla relativa applicazione. Il metodo keys accetta un dizionario in ingresso e fornisce la lista delle sue chiavi; essendo un metodo è invocato con la sintassi dei metodi (amici.keys()), ed il fatto che le parentesi tonde siano vuote indica che il metodo non accetta parametri:

```
>>> amici.keys()
dict_keys(['lungo', 'corto'])
```

In modo analogo funziona il metodo values, solo che questa volta anziché le chiavi sono restituiti i valori del dizionario:

```
>>> amici.values()
dict_values(['Ciro', 'Andrea'])
```

Infine il metodo items fornisce entrambi gli elementi chiave-valore del dizionario specificato:

```
>>> amici.items()
dict_items([('lungo', 'Ciro'), ('corto', 'Andrea')])
```

In questo caso è restituita una lista (parentesi quadrate) i cui elementi sono rappresentati da tuple (parentesi tonde).

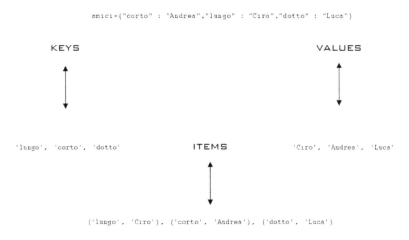

Figura 4.19 – I metodi keys, values e items.

Per verificare quanto detto assegniamo alla variabile lista_voci il risultato del metodo e verifichiamone il tipo con la funzione type:

```
>>> lista_voci=amici.items()
>>> type(lista_voci)
<class 'dict_items'>
```

Vediamo poi il metodo clear() che elimina tutti gli elementi dal dizionario specificato:

```
>>> amici = {"corto" : "Andrea","lungo" : "Ciro","dotto" : "Luca"}
>>> amici.clear()
>>> print(amici)
{}
>>> len(amici)
0
```

In modo analogo agli insiemi, è inoltre possibile effettuare una copia di un oggetto dizionario attraverso il metodo copy, che effettua una copia membro a membro (shallow copy) dell'oggetto che è indicato nell'argomento:

```
>>> copia_amici=amici.copy
>>> print(copia_amici)
<built-in method copy of dict object at 0x00000000022CA8F8>
```

Una volta applicato il metodo, la stampa dell'oggetto ci restituisce un messaggio che ci ricorda che il nuovo dizionario `copia_amici` rappresenta una copia del dizionario `amici` e ne specifica la locazione di memoria.

Come già visto in precedenza, se tentiamo di accedere a elementi non presenti nel dizionario, è sollevata un'eccezione ed è visualizzato un messaggio d'errore, in alcuni casi non è gradito un tale comportamento da parte dell'interprete allora per evitarlo basterà utilizzare il metodo `get` che rappresenta un ulteriore modo per accedere agli elementi del dizionario.

Figura 4.20 – Accesso agli elementi di un dizionario.

Vediamo allora cosa accade se utilizziamo il metodo `get` per accedere agli elementi del dizionario `amici`:

```
>>> amici = {"corto" : "Andrea","lungo" : "Ciro","dotto" : "Luca"}
>>> amici.get("corto")
'Andrea'
>>> amici.get("svelto")
>>> amici.get("svelto",'none')
'none'
```

Com'è possibile verificare, nell'ipotesi sia richiamato, attraverso l'indicazione della chiave, un elemento presente nel dizionario, il valore relativo è stampato a video, mentre nel caso venga richiamato un valore inesistente non è stampato nulla.

Infine è possibile indicare, come ulteriore parametro del metodo `get`, l'oggetto da stampare nel caso non fosse trovato l'elemento specificato (nell'esempio la stringa `'none'`).

Il metodo `pop()` invece ci permette di eliminare un elemento dal dizionario, che è poi restituito al prompt; se l'elemento non è presente è sollevata un'eccezione e restituito un messaggio di errore:

```
>>> amici.pop("corto")
'Andrea'
>>> print(amici)
{'lungo': 'Ciro', 'dotto': 'Luca'}
>>> amici.pop("svelto")
Traceback (most recent call last):
  File "<stdin>", line 1, in <module>
KeyError: 'svelto'
```

Così come per il metodo get è possibile indicare, quale parametro, ciò che dovrà essere stampato nel caso non fosse trovato l'elemento:

```
>>> amici.pop("svelto","none")
'none'
```

Il metodo popitem() ritorna e rimuove un arbitraria coppia (chiave, valore) di un dizionario oppure solleva un'eccezione KeyError se il dizionario risulta vuoto:

```
>>> amici = {"corto" : "Andrea","lungo" : "Ciro","dotto" : "Luca"}
>>> amici.popitem()
('lungo', 'Ciro')
>>> amici.popitem()
('dotto', 'Luca')
>>> amici.popitem()
('corto', 'Andrea')
>>> amici.popitem()
Traceback (most recent call last):
  File "<stdin>", line 1, in <module>
KeyError: 'popitem(): dictionary is empty'
```

Nell'esempio appena visto abbiamo dapprima definito un dizionario, quindi abbiamo proceduto alla rimozione delle sue voci, attraverso l'applicazione del metodo popitem(), fino ad ottenere il dizionario vuoto.

È possibile verificare come le coppie chiave-valore che sono rimosse sono del tutto arbitrarie e quindi non è possibile attraverso l'applicazione di tale metodo rimuovere un particolare elemento dal dizionario.
Il metodo update aggiunge elementi in un dizionario, già presenti in un altro dizionario, nell'ipotesi in cui tali voci non siano già presenti; mentre se la chiave è gia presente e ad essa corrisponde un valore diverso lo sostituisce nel dizionario:

```
>>> amici = {"corto" : "Andrea","lungo" : "Ciro","dotto" : "Luca"}
>>> nuovi_amici={"svelto": "Simone"}
>>> amici.update(nuovi_amici)
>>> print(amici)
{'svelto': 'Simone', 'lungo': 'Ciro', 'dotto': 'Luca', 'corto': 'Andrea'}
```

```
>>> amico={"svelto":"Luigi"}
>>> amici.update(amico)
>>> print(amici)
{'svelto': 'Luigi', 'lento': 'Peppe', 'dotto': 'Luca', 'corto': 'Andrea',
'lungo': 'Ciro'}
```

Anche per i dizionari è possibile utilizzare l'operatore in per verificare la presenza di un particolare elemento; vediamo come fare:

```
>>> amici = {"corto" : "Andrea","svelto" : "Simone","saggio" : "Luigi"}
>>> "saggio" in amici
True
>>> "Luigi" in amici
False
```

L'operatore in, applicato ai dizionari, ci permette solo di verificare la presenza di una particolare chiave non potendo operare in maniera a-naloga con i rispettivi valori, così come si evince dall'esempio appena riportato.

Figura 4.21 – Utilizzo dell'operatore in.

Finora, per i nostri esempi, abbiamo utilizzato i dizionari più semplici quelli cioè che sfruttano una relazione tra chiave e valore del tipo uno a uno, cioè ad ogni chiave corrisponde un solo valore.

Ma in realtà il dizionario Python permette di sfruttare relazioni ben più complesse a partire dalla relazione uno a molti, che ad ogni chiave fa corrispondere più valori, che è possibile ottenere utilizzando degli oggetti lista quali valori corrispondenti ad un determinata chiave.

Per poi passare alle relazioni molti a molti, per cui a ogni chiave corrispondono più valori e viceversa, per le quali è possibile sfruttare oggetti tuple per le chiavi e oggetti liste per contenere i valori.

Capitolo quinto
Strutture per il controllo del flusso

Le strutture di controllo rappresentano dei costrutti sintattici che disciplinano il controllo del flusso di esecuzione di un programma, in altre parole che servono a specificare se, quando, in quale ordine e quante volte devono essere eseguite le istruzioni che lo compongono. In questo capitolo analizzeremo nel dettaglio, gli strumenti che Python ci mette a disposizione, per controllare il flusso delle operazioni; vedremo come inserire nel nostro programma delle istruzioni di diramazione così come analizzeremo i cicli iterativi.

Il flusso delle informazioni

Nella realizzazione di programmi complessi, si deve ricorrere spesso a strutture che indirizzino il normale flusso delle operazioni in una direzione piuttosto che in un'altra. Questo perché l'esecuzione sequenziale del codice, passo dopo passo, è adottata solo per la stesura di semplici programmi, di solito quelli che sono proposti come esempio a scopo didattico; nei capitoli precedenti abbiamo potuto analizzare diversi esempi di programmi sequenziali.

In altri casi è necessario disporre di costrutti che ci permettano di eseguire calcoli diversi a seconda dei valori assunti da alcune variabili; cioè di istruzioni che ci consentano di controllare l'ordine con il quale, le righe di codice che formano il programma, siano eseguite.

Il linguaggio di scripting Python è dotato di diverse strutture per il controllo del flusso logico delle operazioni; tali strutture hanno la forma di un blocco d'istruzioni che presentano delle chiavi speciali identificative di particolari proprietà. In questo modo è identificata la parte iniziale del blocco attraverso la chiave iniziale e la struttura dell'istruzione attraverso le chiavi intermedie. L'ingresso a tali strutture è consentito esclusivamente attraverso la chiave iniziale; tali blocchi possono presentarsi innestati, nel senso che una struttura di controllo può essere inserita all'interno di un'altra struttura.
Come nel caso di altre istruzioni composte, le istruzioni di controllo del

flusso sono costituite da un'intestazione e da un blocco di istruzioni:

```
intestazione:
    istruzione 1
    ...
    ultima istruzione
```

L'intestazione della struttura ha inizio con una nuova riga di codice e termina tale riga con il segno di due punti. Seguono poi una serie d'istruzioni indentate che rappresentano il blocco d'istruzioni. A differenza della maggior parte dei linguaggi di programmazione, in Python non c'è una parola "chiave" che termina la struttura e quindi sarà la prima riga d'istruzioni non indentata a determinare la fine del blocco d'istruzioni.

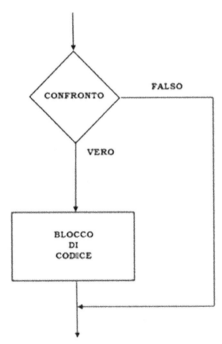

Figura 5.1 – Diagramma di flusso di una tipica istruzione di diramazione.

Le strutture per il controllo del flusso si dividono in due grandi famiglie, a seconda del tipo di istruzioni che disciplinano:
1) istruzioni di diramazione – consentono di eseguire specifiche sezioni di codice;
2) cicli – consentono di ripetere più volte l'esecuzione di una parte del codice.

Vediamo allora, analizzandole nel dettaglio, le istruzioni associate a queste due tipologie.

La struttura IF

Le istruzioni di diramazione, come già anticipato, permettono di eseguire specifiche sezioni del programma; sono anche dette istruzioni di salto in quanto ci danno la possibilità di saltare da un punto all'altro del codice attraverso una semplice istruzione.

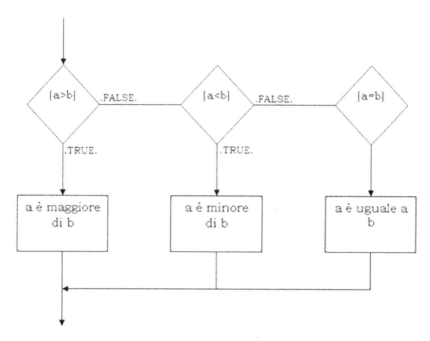

Figura 5.2 – Diagramma di flusso di una struttura IF.

La struttura if valuta un'espressione logica ed esegue un gruppo di asserzioni quando l'espressione è vera.

La chiave elif permette di specificare casualità non definite da if mentre la chiave else permette di stabilire cosa accade nel caso la condizione imposta da if non si avveri; queste due ultime chiavi sono opzionali e come abbiamo visto provvedono ad eseguire gruppi alternati di asserzioni.

I gruppi di asserzioni sono delineati da queste tre chiavi e sono previste parentesi nel costrutto, ricordiamo poi che la struttura ha termine dalla prima riga non indentata che segue il costrutto. Vediamo allora il costrutto dello statement if:

```
if condizione:
    esegui azione
elif condizione:
    esegui azione
elif condizione:
    esegui azione
else:
    esegui azione
```

Per comprendere meglio il suo utilizzo analizziamo lo statement if in un esempio:

```
if a>b:
    a è maggiore di b
elif a<b:
    a è minore di b
else
    a è uguale a b
```

In questo esempio, i tre casi sono mutuamente esclusivi, ma se ciò non fosse sarebbe eseguita la prima condizione vera. Tutto questo assume un'importanza fondamentale al fine di capire come gli operatori relazionali e le strutture if lavorano.

Vediamo ora il diagramma di flusso della struttura if considerata nell'esempio precedente (figura 5.2).

Il costrutto if può essere utilizzato anche con una sola verifica di condizione, nella forma:

```
IF condizione:
    esegui istruzione
```

in tal caso, se si verifica la condizione è eseguita l'istruzione specificata, altrimenti si passa subito alla successiva istruzione eseguibile che compare nel programma.

Infine per comprendere meglio l'utilizzo del costrutto if ci faremo aiutare da un classico esempio di programmazione: la determinazione delle radici di un'equazione di secondo grado. Sia data un'equazione di secondo grado nella forma:

```
ax²+bx+c=0
```

Come tutti sappiamo il tipo di radici di un'equazione di tale tipo dipende dal valore assunto dal suo discriminante e cioè dal termine:

```
Δ = b² - 4 a c
```

Allora si possono presentare tre condizioni mutuamente esclusive:
- $\Delta > 0$ – l'equazione ammette due radici reali e distinte;
- $\Delta = 0$ – l'equazione ammette due radici reali e coincidenti;
- $\Delta < 0$ – l'equazione ammette due radici complesse e coniugate;

Poiché come peraltro indicato, le soluzioni si escludono a vicenda, la ricerca delle radici di un'equazione di secondo grado rappresenta un classico esempio di applicazione del costrutto `if`. Per comprendere il funzionamento del costrutto è stato implementato un algoritmo per la determinazione delle radici di un'equazione di secondo grado.

Nella costruzione del programma per la determinazione delle radici di un'equazione di secondo grado abbiamo preferito, per rendere il programma più usabile inserire i dati dell'equazione da tastiera. A tal proposito Python fornisce un insieme di funzioni predefinite che permettono di inserire dati da tastiera.

La più semplice di esse è la funzione `input`. Quando è inserita una chiamata a tale funzione il programma si ferma ed attende che l'operatore inserisca l'informazione, confermando poi l'inserimento con il tasto `Invio` (o `Enter`). A quel punto il programma riprende e la funzione `input` fornisce ciò che l'operatore ha inserito:

```
>>> nome = input ()
giuseppe
>>> print(nome)
giuseppe
```

Prima di chiamare la funzione `input` è opportuno stampare un messaggio a video che avvisi l'operatore di ciò che deve essere inserito. Questo messaggio è chiamato `prompt` e può essere passato come argomento alla funzione `input`:

```
>>> nome = input ("Qual e' il tuo nome? ")
Qual e' il tuo nome? Giuseppe
>>> print(nome)
Giuseppe
```

Quello che segue rappresenta un algoritmo per la determinazione delle radici di un'equazione di secondo grado.

```python
# radici_equazione

from math import sqrt

# varibili utilizzate nel programma
# float a       coefficiente termine di 2 grado
# float b       coefficiente termine di 1 grado
# float c       termine noto
# float delta discriminante equazione
# float r1,r2 radici reali equazione
# float conjg funzione intrinseca complesso coniugato
# complex c1, c2 radici complesse equazione

# Inserimento coefficienti
a= input('Digitare il coefficiente a: ')
a=float(a)
print(type(a))
b= input('Digitare il coefficiente b: ')
b=float(b)
c= input('Digitare il coefficiente c: ')
c=float(b)

#valutazione del discriminante
delta = b**2-4.*a*c

#Determinazione del tipo di radici
if delta > 0.:
    print('Radici reali e distinte')
    r1 = (-b-SQRT(delta))/(2.*a)
    r2 = (-b+SQRT(delta))/(2.*a)
    print(r1,r2)
elif delta == 0.:
    print('Radici reali e coincidenti')
    r1 = -b/(2.*a)
    r2 = r1
    print(r1,r2)
else:
    print('Radici complesse coniugate')
    c1 = complex(-b,-sqrt(-delta))/(2.*a)
    c2 = c1.conjugate()
    print(c1,c2)
```

Poiché si tratta di uno script, per poterlo far funzionare, è necessario salvarlo con estensione `.py` con un text editor qualsiasi (ad esempio Notepad). Bisogna allora aprire una finestra di terminale, spostarsi nella cartella che contiene lo script e digitare al prompt:

```
>Python script.py
```

A questo punto potremo visualizzare il risultato dell'elaborazione, che nel caso dello script analizzato è riportato nella figura 5.3.

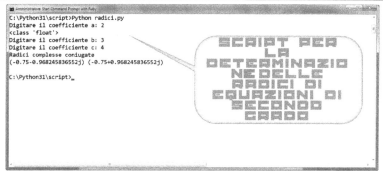

Figura 5.3 – Determinazioni delle radici di un'equazione di secondo grado.

Analizziamo ora il codice contenuto nello script, come già detto, si tratta di un algoritmo per la determinazioni delle radici di un'equazione di secondo grado; nella parte iniziale è importata la funzione sqrt contenuta nel modulo math che ci permetterà di eseguire la radice quadrata, quindi si passa a descrivere, attraverso l'ausilio dei commenti le variabili utilizzate.

Si passa poi all'importazione dei coefficienti attraverso la relativa digitazione da tastiera con l'utilizzo della funzione input; poiché tale funzione importa i dati in formato stringa è stato necessario convertire tali dati in formato float, attraverso la funzione apposita appunto float. Si eseguono quindi i calcoli per la determinazione del discriminante e solo a questo punto, si esegue il ciclo if che ci permetterà di controllare il tipo di soluzioni che l'equazione ammette in funzione dei coefficienti introdotti. Infine il risultato è stampato a video.

Molti linguaggi forniscono un costrutto specifico nel caso di esecuzione di un insieme di criteri di selezione alternativi, è il caso del costrutto select case disponibile nel Fortran; il suo utilizzo mette il programmatore nelle condizioni di selezionare un determinato blocco d'istruzioni secondo il valore assunto da una variabile di controllo. Nel caso del Python non è presente un costrutto specifico per tal evenienza, ma lo stesso può essere facilmente realizzato attraverso l'utilizzo del costrutto if. Vediamone un esempio.

```python
if scelta == 1:
    print ("scelta 1)
elif scelta == 2:
    print ("scelta 2)
elif scelta == 3:
    print ("scelta 3)
else:
    print ("scelta non valida")
```

La variabile di controllo (che nell'esposizione della sintassi è stata indicata con un numero) può essere un numero intero, una stringa di caratteri o un'espressione logica.

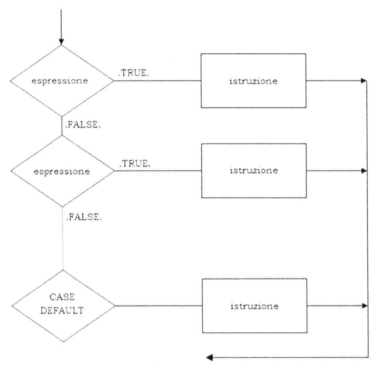

Figura 5.4 – Diagramma di flusso di un costrutto per la multi selezione.

Nel costrutto appena visto un significato importante è assunto dal selettore, nel senso che agendo su di esso è possibile stabilire i criteri di scelta. Il selettore deve essere dello stesso tipo della variabile di controllo e può essere rappresentato da un singolo valore del tipo intero, stringa o logico.

A questo punto se il valore assunto dall'espressione è compreso nell'intervallo dei valori assunti dal selettore1 verranno eseguite le istruzioni contenute in questo blocco:

Se invece il valore assunto dall'espressione è compreso nell'intervallo dei valori assunti dal selettore2 verranno eseguite le istruzioni del blocco relativo, e così proseguendo per tutti i casi previsti.
Come già indicato, la selezione di default è opzionale e copre tutti gli altri possibili valori assunti dall'espressione, non previsti dalle istruzioni precedenti; se è omesso e il valore assunto dalla espressione non è

compreso in nessuno degli intervalli previsti dai selettori, allora non sarà eseguita alcuna istruzione.

Figura 5.5 – Programma per la stampa del mese associato ad un numero

Vediamo ora un programma in cui si fa uso del costrutto di multiselezione; si tratta di un semplice programma che in funzione del numero che si digita sulla tastiera fornisce il corrispondente mese dell'anno.

```python
#Programma mese

#Inserimento numero mese
print('Digitare il numero corrispondente al mese')
print('Il numero deve essere compreso tra 1 e 12')
mese=input()
mese=int(mese)
if mese==1:
    print('GENNAIO')
elif mese==2:
    print('FEBBRAIO')
elif mese==3:
    print('MARZO')
elif mese==4:
    print('APRILE')
elif mese==5:
    print('MAGGIO')
elif mese==6:
    print('GIUGNO')
elif mese==7:
    print('LUGLIO')
elif mese==8:
    print('AGOSTO')
elif mese==9:
    print('SETTEMBRE')
elif mese==10:
    print('OTTOBRE')
elif mese==11:
    print('NOVEMBRE')
elif mese==12:
```

```
    print('DICEMBRE')
else:
    print('ERRORE numero non compreso tra 1 e 12')
```

Dopo aver compilato ed eseguito il programma si ottiene il listato riportato nella Figura 5. 5.

In conclusione è importante precisare che i selettori devono essere mutuamente esclusivi, o ciò che è lo stesso un preciso valore non può apparire in più di un selettore.

Ciclo FOR

Spesso accade che una stessa istruzione debba essere ripetuta un certo numero di volte, in tali casi per evitare di dover riscrivere lo stesso codice sono stati previsti particolari costrutti che permettono appunto tali operazioni.

Tali costrutti si differenziano secondo il tipo di controllo che è effettuato per stabilire il numero di volte che il ciclo deve essere ripetuto. Infatti, sono disponibili strutture che eseguono la ripetizione per un numero prefissato di volte, e strutture in cui tale numero è determinato dal verificarsi di una particolare condizione.

Nei linguaggi di programmazione un ciclo che esegue un blocco d'istruzioni un numero determinato di volte è detto ciclo iterativo. La struttura for consente di ripetere un numero prefissato di volte un certo blocco d'istruzioni, controllando la ripetizione del ciclo mediante un contatore.

Inoltre un ciclo for permette il cosiddetto attraversamento di un oggetto e cioè un'elaborazione trasversale con la quale un oggetto è analizzato in tutti i suoi elementi dal primo e fino all'ultimo. La sintassi di un ciclo for è la seguente:

```
for indice in oggetto:
    istruzioni
else:
    istruzioni
```

Da notare che l'istruzione else risulta opzionale, ma quando è inclusa, è sempre eseguita una volta che il ciclo for è terminato, a meno che non sia riscontrata un'istruzione break.
Vediamo dapprima il suo utilizzo nel caso si voglia ripetere un'istruzione

per un determinato numero di volte; in tal caso ci faremo aiutare dalla funzione range che, come già visto, ci permette di costruire in modo rapido una sequenza di numeri.

La sintassi della funzione prevede i seguenti indicatori:

```
range(inizio,fine,incremento)
```

I tre parametri che compaiono nel costrutto della funzione: inizio, fine e incremento possono essere rappresentati da una costante, una variabile o un'espressione.
Nel caso si tratti di variabili o di espressioni, i rispettivi valori sono determinati prima dell'applicazione della funzione. E allora la seguente istruzione:

```
range(2,20,3)
```

ci permette di creare la sequenza di interi a partire dal numero 2 e fino al numero 20 (escluso) con un incremento pari a 3. Così la sequenza creata sarà la seguente:

```
2 5 8 11 14 17
```

Nel caso manchi il riferimento all'incremento con il quale il contatore dovrà procedere, per default tale valore sarà reso unitario. Vediamo ora come utilizzare la funzione range in un ciclo for:

```
for indice in range(2,20,3)
    print(indice)
```

che produce:

```
2
5
8
11
14
17
```

Nella struttura di programma appena vista, la variabile indice è una variabile intera utilizzata come contatore del ciclo iterativo, mentre le quantità intere inizio (2), fine (20) e incremento(3) sono i parametri del ciclo; essi assumono il compito di controllare i valori della variabile indice durante l'esecuzione del ciclo.

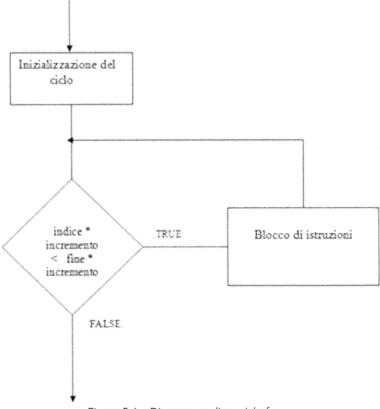

Figura 5.6 – Diagramma di un ciclo for.

Il parametro `incremento` come già detto è facoltativo; se è omesso, è impostato pari a uno. Le istruzioni che seguono la riga in cui compare la parola chiave `for`, formano il corpo del ciclo iterativo e vengono eseguite ad ogni ripetizione del ciclo.
Analizziamo allora il costrutto del ciclo for:

```
for indice in range(inizio,fine,incremento)
    print(indice)
```

Nel momento in cui si entra nel ciclo, è assegnato il valore `inizio` alla variabile di controllo `indice`. Se si verifica che:

```
indice * incremento < fine * incremento
```

sono eseguite le istruzioni che compaiono all'interno del corpo del ciclo. In seguito all'esecuzione di tali istruzioni, la variabile di controllo è aggiornata nel modo seguente:

```
indice = indice + incremento
```

a questo punto è eseguito un nuovo controllo sul contatore; se risulta:

```
indice * incremento < fine * incremento
```

il programma ripete ancora una volta le istruzioni contenute nel corpo del ciclo. Tale passaggio è ripetuto fino a quando la condizione seguente è verificata:

```
indice * incremento < fine * incremento
```

Nel momento in cui questa condizione non è più vera, il controllo passa alla prima istruzione che si trova dopo la fine del ciclo.

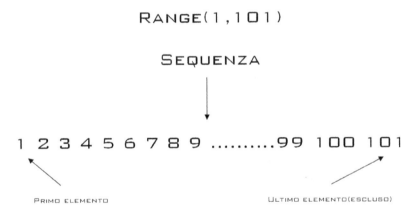

Figura 5.7 – Funzione range.

L'esempio che segue ci permetterà di comprendere meglio il meccanismo esaminato nei passi precedenti. Analizziamo allora le seguenti istruzioni:

```
for i in range(1, 101)
    istruzione 1
    ......
    istruzione n
```

In questo caso, le istruzioni da 1 a n saranno eseguite 100 volte. L'indice del ciclo assumerà il valore 100 durante l'ultimo passaggio del ciclo.

Quando il controllo passerà all'istruzione che compare dopo il centesimo passaggio, l'indice del ciclo assumerà il valore 101. Poichè 101 è l'ultimo elemento della sequenza creata dalla funzione range, il controllo sarà trasferito alla prima istruzione che segue il ciclo.

Facciamo un esempio: costruiamo un algoritmo che letto un intero n valuta il quadrato dei primi n interi e stampa a video i risultati.

```
#programma quadrato

#varibili utilizzate
#int i, n, q
#
# Utilizzo del ciclo for
#
print('Digita un intero positivo')
n=int(input())
for i in range(1,n+1):
        q = i**2
        print('Il quadrato del numero ',i,' risulta pari a ', q)
```

Nella Figura 5.8 è riportato il risultato del programma quadrato.

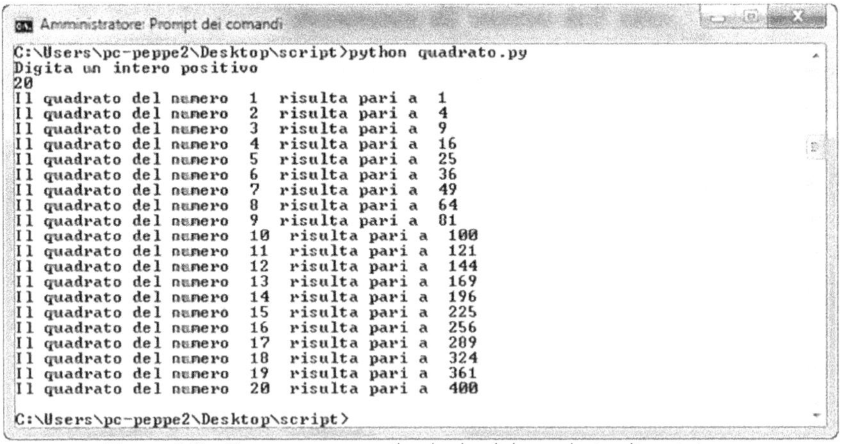

Figura 5.8 – Programma per il calcolo del quadrato di un intero.

Come già anticipato in precedenza, il ciclo for è utilizzato per eseguire il cosiddetto attraversamento di un oggetto, e cioè un'elaborazione trasversale con la quale un oggetto è analizzato in tutti i suoi elementi dal primo e fino all'ultimo.

Facciamo un esempio, supponiamo di avere una lista che contiene i nomi dei nostri amici, allora stampiamone il contenuto attraverso l'impiego di un ciclo for:

```
>>> lista=['giuseppe','tiziana','luigi','simone']
for i in lista:
        print(i)

giuseppe
tiziana
luigi
simone
```

In tal caso il contatore del ciclo è una variabile (i) alla quale è assegnato, ad ogni passo del ciclo, un valore della lista. In questo modo all'interno del gruppo delle istruzioni contenute nel ciclo, è possibile operare sul singolo elemento della lista.

I cicli iterativi possono presentarsi anche in forma annidata; a tal proposito due cicli si dicono annidati quando un ciclo giace interamente all'interno dell'altro.

Un esempio di cicli annidati è riportato nel blocco d'istruzioni seguenti che ci permettono di costruire una matrice:

```
for i in range(1,3)
        for j in range(1,3)
                matrice = (i,j)
                print(matrice[i,j])
```

Le istruzioni appena viste producono il seguente output:

```
(1, 1)
(1, 2)
(2, 1)
(2, 2)
```

In questo caso, il ciclo esterno attribuisce il valore 1 all'indice i, dopodiche attraverso il ciclo interno, con l'indice j che assume i valori da 1 a 2 è costruita la prima riga della matrice. Quando il ciclo interno è completato, il ciclo esterno attribuisce il valore 2 alla variabile i e attraverso il ciclo interno è costruita la seconda riga. In questo modo il ciclo è iterato fino a conclusione del ciclo esterno.

Nei cicli annidati il ciclo interno, è sempre portato a conclusione prima che l'indice del ciclo esterno sia incrementato. Poichè non è possibile cambiare il contatore all'interno di un ciclo for, non è quindi possibile adoperare il medesimo indice per due cicli annidati, questo perchè il ciclo interno modificherebbe il valore dell'indice all'interno del corpo del ciclo esterno.

Ciclo while

Le istruzioni che abbiamo imparato a implementare nei paragrafi precedenti, permettono di eseguire un certo blocco di comandi un numero preciso e programmato di volte. In molti casi invece è necessario che un ciclo sia ripetuto fintanto che una condizione è verificata (while). Per tali casi, Python offre delle specifiche istruzioni che si prestano al particolare uso.

```
while condizione:
      istruzioni 1
   istruzioni 2
      .......
else:
      istruzione
```

In questo caso si continua a iterare nel ciclo fino a quando la condizione è vera, appena essa diventa falsa si esce dal ciclo e si eseguono le istruzioni successive.
È opportuno precisare che qualora la condizione dichiarata dall'espressione logica non sia mai verificata il ciclo sarà ripetuto all'infinito. Tutto questo rappresenta un potenziale problema che riguarda tutti i cicli condizionati e cioè quei cicli che non si ripetono un numero prefissato di volte.

Figura 5.9 - Programma per l'utilizzo del ciclo while.

L'esecuzione del blocco d'istruzioni presenti all'interno del ciclo avviene secondo la sequenza di seguito indicata:

- è dapprima valutato il valore dell'espressione logica riportata in condizione;
- se il corrispondente valore risulta .FALSE., nessuna istruzione del blocco è eseguita e il controllo passa alla prima istruzione che compare dopo il ciclo;
- se invece tale valore risulta .TRUE., allora è eseguito il blocco di istruzioni a partire dalla prima istruzione che segue l'istruzione while.

Analizziamo subito un esempio: scriviamo un programma che chiede di inserire un numero intero n e stampa a video i primi n numeri.

```
#program uscita
#utilizzo ciclo while
print('Digita un intero positivo')
n=int(input())
i=1
print('stampa dei risultati')
while i<=n:
      print(i)
      i=i+1
```

Nella figura 5.9 è riportato il risultato del programma uscita.
Analizziamo un altro esempio: implementiamo a tal proposito un algo-ritmo per la valutazione della radice quadrata di un numero fornito dall'utente, introducendo però un controllo sul segno del numero.

```
#programma radice
#
#variabili utilizate
#float     num
#bool    segno_num
#
#Utilizzo del ciclo WHILE
#

from math import sqrt

segno_num=True
while segno_num:
      print('Digita un intero positivo')
      num=int(input())
      if num > 0.:
          print('La radice quadrata di ',num,'risulta ',sqrt(num))
      else:
          segno_num = False
          print('Errore digitato un intero negativo')
```

Nella Figura 5.10 è riportato il risultato del programma `radice`. Analizzando il listato è possibile notare che finquando si digita un valore positivo, è valutata la radice quadrata del numero e ne è stampato a video il risultato; nel momento in cui è introdotto un valore negativo, allora è impostata la variabile logica `segno_num` a `false` e in questo modo si esce dal ciclo `while`.

Figura 5.10 - Programma per l'utilizzo del ciclo WHILE.

Infine è opportuno precisare che quando si esegue un ciclo qualsiasi è sempre possibile forzare l'uscita dal ciclo in ogni momento mediante gli appositi comandi quali:

- `break` - che permette di saltare fuori da un ciclo ignorando le restanti istruzioni da eseguire.
- `continue` - che permette di saltare alla prima istruzione della prossima iterazione del ciclo.
- `else` - sia il ciclo `for` sia il ciclo `while` hanno tale costrutto aggiuntivo opzionale che permette di eseguire un blocco di istruzioni al verificarsi di una uscita forzata dal ciclo.

Capitolo Sesto
Funzioni e moduli

Le funzioni e i moduli rappresentano la soluzione Python per la scomposizione di un algoritmo complesso, in unità semplici che assolvono uno specifico compito e agevolano la condivisione dei dati. Nella programmazione spesso si utilizzano delle porzioni di codice ripetitive, vuoi perché la stessa operazione deve essere eseguita su dati derivanti da fonti diverse o più semplicemente perché due programmi differenti eseguono procedure simili. In tali casi è palesemente antiproduttivo riscrivere ogni volta la stessa unità di codice per compiere operazioni analoghe.

A tal proposito il Python, come peraltro tutti i linguaggi di programmazione ad alto livello, permette la realizzazione di sottoprogrammi che rappresentano appunto delle parti di programmi scritte in file separati o nello stesso file che fungono da unità indipendenti con la possibilità di essere richiamate dal programma principale. A partire dalla prima versione del linguaggio di scripting Python è poi possibile sfruttare i cosiddetti moduli che rappresentano un modo moderno ed estremamente efficace di scambiare dati tra diverse unità di programma.

Funzioni

Un programma Python può essere realizzato attraverso la stesura di un programma principale e una serie di funzioni a esso collegate; questo modo di operare permette al programmatore, in fase di progettazione del software, di separare in modo organico le parti di codice e le operazioni relative, al fine di una più efficace realizzazione.
Attraverso l'utilizzo di una funzione, sarà possibile realizzare un'unità di programma che raggruppa un insieme di istruzioni connesse al fine di risolvere un problema specifico. Questo problema è descritto dettagliatamente attraverso il suo algoritmo di risoluzione nella definizione di funzione.

I sottoprogrammi del tipo funzione hanno un tipo esplicito, prendono in ingresso un insieme di valori detti parametri e sono indirizzate a restituire uno o più valori come risultato della elaborazione.

Le funzioni, inoltre, sono previsti in due forme:

- interne
- esterne.

Le funzioni **interne** sono quelle procedure che possono comparire nell'ambito del programma principale. Le funzioni **esterne** sono quelle che compaiono in una sezione separata di programma al di fuori del file contenente il programma principale.

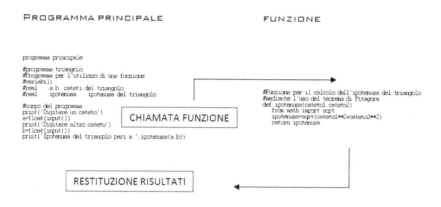

Figura 6.1 - Chiamata di una funzione.

Una funzione rappresenta un sottoprogramma in cui il risultato, che, come abbiamo detto è singolo o multiplo, può essere rappresentato da un numero, una stringa, un valore logico, un array. Tale risultato può, allo stesso modo, essere combinato con variabili e costanti a formare un'espressione. Tali espressioni possono comparire infine in un'istruzione di assegnazione posta nell'unità di programma principale.

Una funzione è definita dalla seguente sintassi:

```
def nome (lista_parametri):
    istruzioni
```

I parametri devono essere elencati all'interno delle parentesi tonde e devono essere separati tra loro attraverso l'impiego della virgola. Nel caso in cui la funzione non richieda parametri d'input, la lista dei suoi parametri sarà vuota; allora le parentesi che dovrebbero contenere la lista dovranno comunque comparire.

Come nome della funzione si può utilizzare una qualsiasi stringa, secondo la definizione già data dei nomi ammessi in Python, tranne che le parole riservate. Le istruzioni contenute all'interno della funzione, devono essere indentate necessariamente, al contrario sarà sollevata un'eccezione e sarà stampato un messaggio di errore.

Per richiamare una funzione all'interno di un programma è necessario indicarne il nome in un'espressione; in questo modo quando l'esecuzione del programma principale arriverà in corrispondenza della chiamata alla funzione, si sposterà in essa e ritornerà nel main, quando sarà raggiunto il livello d'indentazione precedente alla chiamata della funzione.

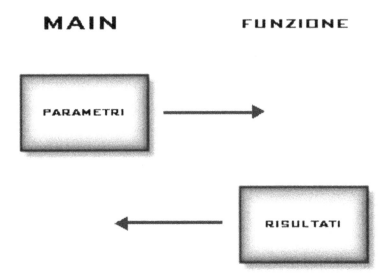

Figura 6.2 - Scambio delle informazioni.

Il risultato della funzione deve essere esplicitamente indicato attraverso l'uso dell'istruzione return e sarà allora inserito nell'espressione in cui compariva la sua chiamata. Verifichiamone il funzionamento attraverso un semplice esempio:

```
def quadrato(valore)
    quad=valore*valore
    return valore
```

La funzione che abbiamo appena creato prende un valore in ingresso e ne calcola il quadrato, quindi restituisce tale valore come risultato. Vediamo come inserire la chiamata alla funzione in un programma:

```
val_a = 10
quad =quadrato(val_a)
print(quad)
```

che fornisce come risultato.

```
100
```

Analizzando il codice appena proposto è possibile verificare che lo statement return ci permette di specificare quale valore restituire al programma chiamante; tutto quello che segue l'istruzione return, nello stesso livello d'indentazione verrà ignorato in quanto il controllo ritornerà al programma chiamante.

L'utilizzo dell'istruzione return è comunque facoltativo, nel senso che sia possibile farne a meno, ma in tal caso nessun parametro sarà restituito al programma chiamante come risultato dell'elaborazione. È inoltre possibile restituire come risultato della funzione più di un parametro sistemati in una tupla.

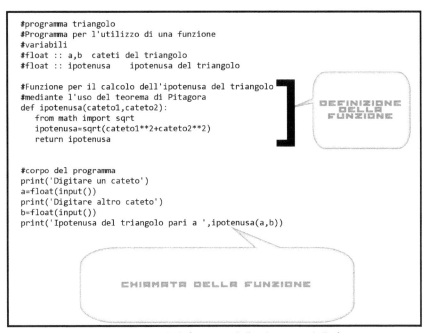

Figura 6.3 - Sequenza di definizione della chiamata della funzione.

È importante rilevare che prima di poter usare una funzione è necessario averla definita, quindi la definizione della funzione deve sempre precedere la sua chiamata. Se la funzione è scritta all'interno del file che contiene il programma chiamante, deve necessariamente comparire prima dell'istruzione che contiene la chiamata alla funzione.

Vediamo allora un programma che fa uso di una funzione per un calcolo specifico, in particolare della funzione `ipotenusa` che, dati i cateti di un triangolo rettangolo, ne calcola l'ipotenusa. Le variabili `a` e `b` fornite dal programma chiamante sono poi rinominate nella funzione come `cateto1` e `cateto2`.

```
#programma triangolo
#Programma per l'utilizzo di una funzione
#variabili
#float :: a,b  cateti del triangolo
#float :: ipotenusa    ipotenusa del triangolo

#Funzione per il calcolo dell'ipotenusa del triangolo
#mediante l'uso di Pitagora
def ipotenusa(cateto1,cateto2):
    from math import sqrt
    ipotenusa=sqrt(cateto1**2+cateto2**2)
    return ipotenusa


#corpo del programma
print('Digitare un cateto')
a=float(input())
print('Digitare altro cateto')
b=float(input())
print('Ipotenusa del triangolo pari a ',ipotenusa(a,b))
```

Nella Figura 6.4 è riportato il risultato del programma triangolo. Le variabili che compaiono nella lista degli argomenti sono anche dette variabili fittizie, questo perché non è detto che il nome attribuito a loro nel main corrisponda a quello utilizzato all'interno della funzione. A proposito delle variabili c'è poi da ricordare che le funzioni utilizzano variabili particolari chiamate variabili locali.

Queste variabili esistono solo nell'ambito della funzione e quando una variabile locale ha lo stesso nome di una variabile globale, la variabile locale nasconde l'altra variabile.

Una funzione può chiamare al suo interno un'altra funzione; si parlerà in tal caso di funzioni annidate, ma è altresì possibile che una funzione chiami se stessa. Infatti, il Python permette l'utilizzo delle funzioni ricorsive e cioè di sottoprogrammi che richiamano se stessi.

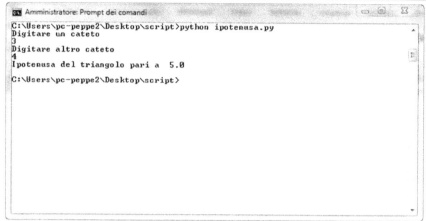

Figura 6.4 - Programma esplicativo per l'utilizzo delle funzioni.

Come esempio di una funzione ricorsiva consideriamo la funzione che dato un numero n ne calcola il fattoriale:

```
def fattoriale(n):
    if n <= 1:
        return 1
    return n*fattoriale(n-1)
```

Fatto questo, per meglio comprendere l'utilizzo di una funzione ricorsiva, analizziamo il programma seguente che non fa altro che richiamare la funzione fattoriale per il calcolo del fattoriale di un numero fornito da tastiera.

```
#Programma ricorsione
#variabili
#int    fat
#int    num
#int    fattoriale

def fattoriale(n):
    if n <= 1:
        return 1
    return n*fattoriale(n-1)

#introduzione numero n
print('Digitare un numero intero maggiore di 0')
num=float(input())
fat = fattoriale(num)
print('****************************************************')
print('Il fattoriale del numero ',num,' risulta pari a ',fat)
print('****************************************************')
```

che fornisce come risultati quelli riportati nella figura 6.5.

Figura 6.5 - Programma per il calcolo del fattoriale.

Vediamo infine un esempio di programma che fa uso di una funzione per la valutazione della media aritmetica e geometrica di due numeri. Tali dati saranno digitati da tastiera a richiesta dal programma.

```python
#programma calcolo_medie
#Programma per il calcolo della
#media aritmetica e geometrica di due numeri
#variabili utilizzate nel programma
#float a,b   numeri
#float ma    media aritmetica
#float mg    media geometrica
#tuple media  - tupla contenente i valori di ritorno della funzione

import math

#Funzione per il calcolo delle medie
def medie(a,b):
    #media aritmetica
    ma = (a + b)/2
    #media geometrica
    mg = math.sqrt(a * b)
    return(ma,mg)

#corpo del programma
print('****************************************************')
print('Digitare il I numero')
a=float(input())
print('Digitare il II numero')
b=float(input())
#chiamata della funzione
media=medie(a,b)
print('La media artimetica risulta pari a ',media[0])
print()
print('La media geometrica risulta pari a ',media[1])
print('****************************************************')
```

Nella Figura 6.6 è riportato il risultato del programma medie.

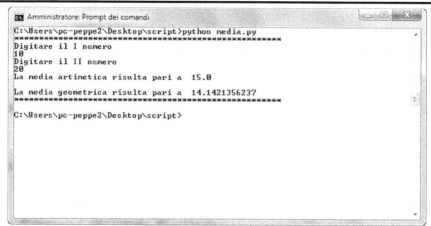

Figura 6.6 - Programma per la valutazione della media aritmetica e geometrica.

Analizziamo ora il listato del programma che abbiamo da poco visto per il calcolo della media aritmetica e geometrica di due numeri; in esso è possibile analizzare delle importanti caratteristiche del linguaggio. Ad esempio abbiamo importato il modulo math che contiene delle funzioni matematiche di uso comune, e di tali funzioni è stata utilizzata quella che ci permette di valutare la radice quadrata di un numero attraverso l'istruzione math.sqrt.

Inoltre possiamo notare che la funzione definita e utilizzata per la valutazione delle due medie restituisce due valori che sono immagazzinati in una tupla e poi utilizzati per la stampa attraverso le regole già viste per la estrazione dei suoi valori.

Variabili locali e variabili globali

Nel momento in cui si dichiarano delle variabili nella definizione di una funzione, esse assumono un ambito locale alla funzione e, quindi, non hanno nessun collegamento con altre variabili definite al di fuori del campo di definizione della funzione, anche se hanno lo stesso nome. Questo rappresenta allora il campo di esistenza della variabile, che quindi nasce e muore all'interno della funzione e per la durata della sua chiamata dal programma principale.

Tutte le variabili dichiarate nelle funzioni hanno il loro campo di esistenza a partire dal punto di definizione. Il Python prevede allora due tipi di variabili:
1) variabili globali;
2) variabili locali;

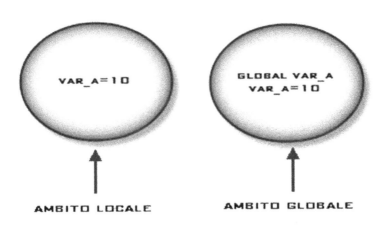

Figura 6.7 - Variabili locali e globali.

Come si può intuire, le variabili **globali** risultano accessibili a livello globale all'interno del programma, le variabili **locali** invece assumono significato solo ed esclusivamente nel settore di appartenenza, risultando visibili solo all'interno della funzione in cui vengono inizializzate.
Ricordiamo però che Python utilizza due funzioni built-in `locals` e `globals` per specificare i diversi tipi di variabili, tali funzioni forniscono un accesso basato sui dizionari, alle variabili locali e globali.

Attraverso l'uso della funzione `globals` è possibile allora estendere l'ambito di esistenza di una variabile, all'interno di una funzione, in modo tale che risulti visibile anche all'esterno di essa. Volendo allora richiamare una variabile definita al di fuori della funzione per poterla manipolare modificandone il valore è necessario specificare che tale variabile non risulti locale, ma piuttosto globale.

Resta comunque possibile utilizzare i valori di variabili definite all'esterno della funzione, nel caso in cui non ci siano variabili con lo stesso nome, definite all'interno della funzione.
Tale modo di programmare però non è consigliato e dovrebbe essere evitato poiché determina una sorta d'illeggibilità del codice da parte del lettore. L'utilizzo invece della funzione `globals` rende il codice più leggibile.

Moduli

Fino ad ora le funzioni che abbiamo analizzato come esempi, erano riportate nello stesso file contenente il programma chiamante, cioè si trattava di funzioni interne. Com'è noto, è possibile utilizzare dei sottoprogrammi esterni, che rappresentano delle funzioni esattamente equivalenti a quelle finora viste, ma salvate su file indipendenti.

Tale modo di operare si rende particolarmente utile nel caso di progetti complessi, che comprendono numerose righe di codice. In tali casi è quantomeno complicato inserire tutte le funzioni nello stesso file che ospita il programma principale; infatti, così facendo si otterrebbe un progetto di difficile manutenzione sia per l'autore e a maggior ragione per gli utilizzatori.

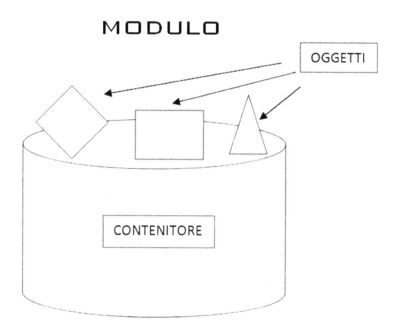

Figura 6.8 - I moduli di python.

A tal proposito il Python fornisce un'unità speciale di programma, conosciuta come **modulo**, che può ospitare all'interno della sua struttura liste di dichiarazioni di variabili e un numero qualsiasi di sottoprogrammi, in modo da poter importare, tali elementi, in altre unità di programma.

Se ne deduce che i moduli rappresentano uno strumento valido per strutturare adeguatamente un codice scritto in linguaggio Python. L'utilizzo dei moduli è particolarmente efficace al fine di definire i dati, le strutture e tutte le procedure utilizzate da un programma.

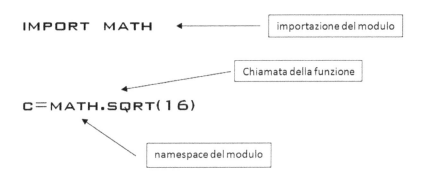

Figura 6.9 - La sintassi di importazione di un modulo.

L'introduzione dei moduli ha rappresentato per la programmazione Python un fattore decisivo per la diffusione del codice, infatti, attraverso l'uso di tal elemento è possibile definire una specifica struttura di dati e tutte le funzioni che operano su di essi. In questo modo si rende accessibile dall'esterno, e quindi a tutte le unità di programma che fanno riferimento al modulo, la struttura in esso definita, ma nello stesso tempo si determina una sorta di protezione sui dati che non richiedono modifiche.

L'utilizzo di un modulo da parte di una qualsiasi unità di programma esterna avviene attraverso la parola chiave import, che deve comparire prima di ogni chiamata ad una funzione in esso contenuta, con l'unica limitazione che un modulo non può richiamare se stesso. Non esiste una particolare sintassi per la definizione di un modulo perché si tratta di un file Python con estensione .py mentre il suo nome rispetta le convenzioni utilizzate per la scelta dei nomi dei programmi Python.

A questo punto per utilizzare le funzioni contenute nel modulo, basterà utilizzare la cosiddetta dot notation e cioè la notazione che ci permette di identificare una funzione digitando il nome del modulo, un punto e il nome della funzione. In questo modo si riesce ad avere accesso al modulo con la possibilità di richiamare la funzione desiderata.

```
import math
c=math.sqrt(16)
```

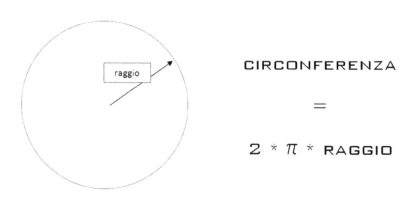

Figura 6.10 - Calcolo della circonferenza di un cerchio.

In alternativa a tale notazione che prevede di impiegare il nome del modulo ogni volta che si richiama la funzione, è possibile importare anche solo la funzione che si richiede utilizzare e invocare solo il suo nome nel momento della chiamata.

```
from math import sqrt
c=sqrt(16)
```

Con tale notazione la funzione entra a far parte dell'insieme dei nomi definiti nel programma, il cosiddetto namespace, e quindi non è più necessario il prefisso del nome del modulo.

Se invece è necessario importare tutte le funzioni di un modulo all'interno del programma principale, basterà utilizzare la parola chiave import seguita dal nome del modulo e dal carattere asterisco:

```
import math *
c=sqrt(16)
```

Dopo aver analizzato come scrivere e richiamare un modulo analizziamo un esempio pratico nel quale scriveremo un modulo che contiene il valore del numero π e del raggio di una circonferenza, dati necessari per la valutazione di una circonferenza (figura 6.10).

Iniziamo con lo scrivere il modulo che salveremo nel file modulo.py.

```
#modulo
def dati():
    global pigreco,raggio
    pigreco=3.141592
    raggio=5.
```

A questo punto scriveremo un semplice programma che fa uso del modulo, e quindi dei dati in esso contenuti al fine di valutare la circonferenza.

```
#programma circo
import modulo
#float  circonferenza
#valutazione della circonferenza
modulo.dati()
circonferenza=2*modulo.pigreco*modulo.raggio
#stampa del valore calcolato a video
print('*****************************************************')
print('La circonferenza di raggio ',modulo.raggio)
print('risulta essere pari a ',circonferenza)
print('*****************************************************')
```

Da notare che nell'utilizzo delle variabili definite all'interno del modulo da parte del programma principale, è necessario specificare il namespace del modulo.

Infatti, com'è possibile verificare nel codice appena riportato, la variabile pigreco è richiamata all'interno del programma circo con il nome modulo.pigreco e così anche per l'altra variabile raggio che diventa modulo.raggio.

Il listato del programma è riportato nella figura 6.11.

Figura 6.11 - Listato del programma per il calcolo della circonferenza.

Per dimostrare il corretto utilizzo di un modulo ci riferiremo a un esempio già in precedenza introdotto. Riscriviamo allora il programma per il calcolo delle radici di un'equazione di secondo grado, inserendo le funzioni previste in un modulo.

```
#Modulo calcolo
#CONTIENE
#
#1.Funzione per la definizione dei coefficienti
#2.Funzione per il calcolo delle radici
#
#Funzione per la definizione dei coefficienti
def coeff():
  #Inserimento coefficienti
  global a,b,c
  print('Digitare il coefficiente a: ')
  a=float(input())
  print('Digitare il coefficiente b: ')
  b=float(input())
  print('Digitare il coefficiente c: ')
  c=float(input())

#Funzione  per il calcolo delle radici
def solequ():
  from math import sqrt
  #variaibili definite
  # float a       coefficiente termine di 2 grado
  # float b       coefficiente termine di 1 grado
  # float c       termine noto
  # float delta discriminante equazione
  # float r1,r2 radici reali equazione
  # float conjg funzione intrinseca complesso coniugato
  # complex c1, c2 radici complesse equazione
  #valutazione del discriminante
  delta = b**2-4.*a*c

  #Determinazione del tipo di radici
  if delta > 0.:
            print('Radici reali e distinte')
            r1 = (-b-sqrt(delta))/(2.*a)
            r2 = (-b+sqrt(delta))/(2.*a)
            print(r1,r2)
  elif delta == 0.:
            print('Radici reali e coincidenti')
            r1 = -b/(2.*a)
            r2 = r1
            print(r1,r2)
  else:
            print('Radici complesse coniugate')
            c1 = complex(-b,-sqrt(-delta))/(2.*a)
            c2 = c1.conjugate()
            print(c1,c2)
```

Salveremo il modulo appena analizzato nel file `calcolo.py` mentre il programma principale, che si riporta di seguito nel file `radici2.py`.

```
#programma radici2
import calcolo
#variabili
#float     :: a,b,c
#programma per il calcolo delle radici
#di una equazione di II grado
#chiamata alla funzione che definisce i coefficienti
calcolo.coeff()
#chiamata alla subroutine che calcola le radici
calcolo.solequ()
```

Per lanciare il programma basterà digitare al prompt di una finestra di terminale la seguente riga di codice:

```
python radici2.py
```

Il risultato del calcolo è riportato nella figura 6.12: In essa è possibile notare come sia necessario inserire da tastiera i coefficienti a,b e c per poter calcolare le radici dell'equazione.

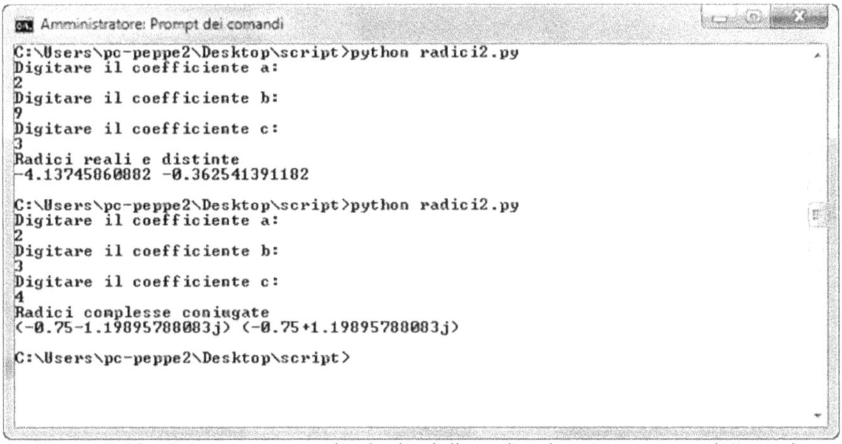

Figura 6.12 - Programma per il calcolo delle radici di un'equazione di II grado.

Funzioni built-in

Le funzioni built-in rappresentano una serie di funzioni intrinseche residenti nel linguaggio e, pertanto, immediatamente utilizzabili dal programmatore (tipiche funzioni intrinseche sono le funzioni matematiche abs, max, etc.).

Nella Tabella 6.1 sono riportate in ordine alfabetico le funzioni built-in previste dal Python con una descrizione sintetica delle relative funzioni.

Tabella 6.1 – Elenco in ordine alfabetico delle funzioni built-in

Nome generico	Descrizione
abs (a)	Valore assoluto argomento
all(iterable)	Restituisce vero se tutti gli elementi dell'oggetto iterabile sono veri (o se l'oggetto è vuoto). Dove iterable deve essere una sequenza, un iteratore, o qualche altro oggetto che supporti l'iterazione.
any(iterable)	Restituisce vero se nessuno degli elementi dell'oggetto iterabile è vero (se l'oggetto è vuoto restituisce falso). Dove iterable deve essere una sequenza, un iteratore, o qualche altro oggetto che supporti l'iterazione.
ascii(object)	Restituisce una stringa contenente una rappresentazione stampabile di un oggetto
bin(x)	Converte un numero intero in una stringa binaria
bool([x])	Converte l'argomento in un valore booleano
bytearray([source[, encoding[, errors]]])	Restituisce un nuovo array di bytes
bytes([source[, encoding[, errors]]])	Restituisce un nuovo oggetto bytes
chr(i)	Restituisce una stringa di un carattere il cui codice ASCII è l'intero i.
classmethod(function)	Restituisce un metodo di classe per una funzione function.
compile(source, filename, mode, flags=0, dont_inherit=False)	Compila la stringa source in un codice oggetto.
complex([real[, imag]])	Crea un numero complesso con il valore reale real più l'immaginario imag*j, o converte una stringa o numero in un numero complesso.
delattr(object, name)	Simile a setattr(). Gli argomenti sono un oggetto ed una stringa. La stringa deve essere il nome di uno degli attributi dell'oggetto. La funzione cancella gli attributi nominati e provvede ad assegnare l'oggetto.
dict([arg])	Restituisce un nuovo dizionario inizializzato da un argomento posizionale facoltativo o da un insieme di argomenti di chiavi.
dir([object])	Senza argomenti, restituisce l'elenco dei nomi presenti nella locale tavola dei simboli corrente. Con un argomento, cerca di restituire un elenco di attributi validi per quell'oggetto.
enumerate(iterabl	Restituisce un oggetto enumerate. Dove iterable deve

Nome generico	Descrizione
e, start=0)	essere una sequenza, un iteratore, o qualche altro oggetto che supporti l'iterazione.
divmod(a, b)	Prende come argomenti due numeri (non complessi) e restituisce una coppia di numeri consistenti nel loro quoziente e resto, quando si opera una divisione long.
eval(expression, globals=None, locals=None)	Gli argomenti sono una stringa e due dizionari facoltativi. L'espressione expression è analizzata e valutata come un'espressione Python usando i dizionari globals e locals come spazi dei nomi globali e locali.
exec(object[, globals[, locals]])	Questa funzione supporta l'esecuzione dinamica del codice Python. object deve essere una stringa o un oggetto codice.
filter(function, iterable)	Costruisce una lista dagli elementi di list per i quali la funzione function restituisce vero. list può essere una sequenza, un contenitore che supporta iterazioni, o un iteratore.
float([x])	Converte una stringa in un numero floating point
format(value[, format_spec])	Converte un valore in una rappresentazione formattata, come controllato da format_spec.
frozenset([iterable])	Restituisce un oggetto frozenset i cui elementi vengono presi da iterable.
getattr(object, name[, default])	Restituisce il valore dell'attributo con nome di un oggetto object. name deve essere una stringa.
globals()	Restituisce un dizionario rappresentante la corrente tabella dei simboli globale.
hasattr(object, name)	Gli argomenti sono un oggetto ed una stringa. Il risultato è vero se la stringa è il nome di uno degli attributi dell'oggetto, falso se non lo è.
hash(object)	Restituisce il valore dell'hash dell'oggetto object
help([object])	Invoca l'aiuto di sistema built-in.
hex(x)	Converte un numero intero in una stringa esadecimale
id(object)	Restituisce l'identità di un oggetto
int([number | string[, base]])	Converte un numero o una stringa in un intero
isinstance(object, classinfo)	Restituisce vero se l'argomento object è un'istanza dell'argomento classinfo, o di una sotto classe di questo.

Nome generico	Descrizione
issubclass(class, classinfo)	Restituisce vero se la classe class è una sotto classe di classinfo.
iter(object[, sentinel])	Restituisce un oggetto iteratore.
len(s)	Restituisce la lunghezza (il numero di elementi) di un oggetto.
list([iterable])	Restituisce una lista i cui elementi sono gli stessi e nello stesso ordine degli elementi della sequenza iterable.
locals()	Aggiorna e restituisce un dizionario rappresentante la locale tabella dei simboli corrente.
map(function, iterable, ...)	Applica la funzione function ad ogni elemento della lista iterable e restituisce una lista dei risultati.
max(iterable[, args...], *[, key])	Con il singolo argomento s, restituisce il più grande elemento di una sequenza non vuota, come una stringa, una tupla o una lista, con più argomenti il più grande di tali argomenti
memoryview(obj)	Restituisce una "visione di memoria" dell'oggetto creato dall'argomento dato.
min(iterable[, args...], *[, key])	Con il singolo argomento s, restituisce il più piccolo elemento di una sequenza non vuota come una stringa, una tupla o una lista,con più di un argomento, restituisce il più piccolo degli argomenti.
next(iterator[, default])	Recupera la prossima voce dell'iteratore attraverso la chiamata al metodo __next__()
object()	Restituisce un nuovo oggetto privo di caratteristiche.
oct(x)	Converte un numero intero in una stringa ottale
open(file, mode='r', buffering=None, encoding=None, errors=None, newline=None, closefd=True)	Apre il file e restituisce il flusso corrispondente. Se il file non può essere aperto, un IOError è sollevata.
ord(c)	Restituisce il valore ASCII di una stringa di un carattere, o di un carattere Unicode.
pow(x, y[, z])	Restituisce x elevato alla potenza y; se z è presente, restituisce x elevato a y, modulo z

Nome generico	Descrizione
property(fget=No ne, fset=None,	Restituisce la proprietà dell'attributo per le classi di nuovo stile
range([start], stop[, step])	Funzione per creare liste contenenti progressioni aritmetiche.
repr(object)	Restituisce una stringa contenente la rappresentazione stampabile di un oggetto.
reversed(seq)	Restituisce un iteratore inverso.
round(x[, n])	Restituisce un valore in virgola mobile x arrotondato a n cifre dopo il punto decimale.
set([iterable])	Restituisce un insieme di elementi presi da iterable.
setattr(object, name, value)	La funzione assegna il valore all'attributo, se l'oggetto lo permette.
slice([start], stop[, step])	Restituisce un oggetto slice rappresentante l'insieme degli indici specificati da range(start, stop, step).
sorted(iterable[, key][, reverse])	Restituisce una nuova lista ordinata dagli elementi presenti in iterable.
staticmethod(func tion)	Restituisce un metodo statico per la funzione function.
str([object[, encoding[, errors]]])	Restituisce una stringa contenente una rappresentazione stampabile di un oggetto.
sum(iterable[, start])	Somma gli elementi della sequenza iterable cominciando da start, da sinistra a destra, e restituisce il totale.
super([type[, object-or-type]])	Restituisce una superclasse di type.
tuple([iterable])	Restituisce una tupla i cui elementi sono gli stessi e nello stesso ordine degli elementi della sequenza iterable.
type(object)	Restituisce il tipo dell'oggetto object.
type(name, bases, dict)	Restituisce un nuovo oggetto type
vars([object])	Restituisce un dizionario corrispondente alla tavola dei simboli locale.

Nome generico	Descrizione
zip(*iterables)	Funzione che restituisce una lista di tuple, dove la tupla i-esima contiene l'elemento i-esimo da ognuno degli argomenti in iterables.
__import__(name, globals={}, locals={}, fromlist=[], level=-1)	Questa funzione è richiamata dalla dichiarazione import. Essa può essere sostituita al fine di modificare la semantica della dichiarazione di importazione, ma è di solito più semplice utilizzare i ganci di importazione

Capitolo Settimo
Classi, metodi e oggetti

In questo capitolo approfondiremo i concetti alla base della programmazione ad oggetti su cui si fonda il linguaggio di scripting Python. La programmazione orientata agli oggetti (OOP, Object Oriented Programming) permette di definire oggetti software in grado di interagire gli uni con gli altri attraverso lo scambio di messaggi. Si è dimostrata particolarmente adatta negli ambiti in cui si possono individuare delle relazioni di interdipendenza tra i concetti da modellare.

La programmazione ad oggetti

Attraverso la programmazione orientata agli oggetti si è riusciti a realizzare una tecnica di programmazione molto robusta ma allo stesso tempo particolarmente attenta alle esigenze del programmatore. Il suo successo si deve al fatto che il software realizzato con tale tecnica si è dimostrato estremamente longevo, grazie alla sua riusabilità garantita dalla presenza degli oggetti.

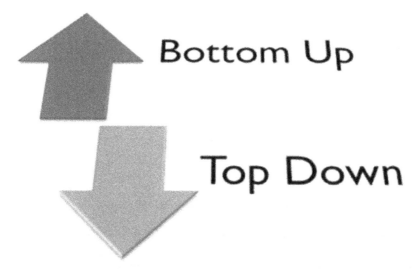

Figura 7.1 – Metodologie di programmazione.

L'approccio che si è adottato prevede una metodologia di sviluppo del tipo top_down, tipica dei linguaggi di programmazione ad alto livello; attraverso tale metodologia i problemi vengono affrontati riducendone la complessità con una suddivisone in sottoproblemi di complessità minore. Come ricordato dal nome, tale tecnica assume come elemento fondamentale l'oggetto, che dopo essere stato definito, mediante una dettagliata descrizione che ne elenca le caratteristiche, è creato per il suo utilizzo dopo essere stato opportunamente allocato in memoria.

A questo punto il suo utilizzo si renderà particolarmente semplice, poiché esso si relazionerà in modo automatico agli altri oggetti creati attraverso una metodologia del tutto analoga.

Nel dare una definizione di oggetto possiamo semplicemente riferirci ad una regione di memoria allocata; ma d'altra parte visto che nei linguaggi di programmazione le variabili vengono utilizzate per accedere agli oggetti, allora gli oggetti e le variabili si scambiano naturalmente i ruoli. C'è allora da precisare che fin tanto che un'area di memoria non risulta allocata non sarà possibile parlare di un oggetto. Possiamo dire quindi che un oggetto è un istanza di una classe, in quanto unico (caratterizzato da una propria identità) e separato da altri oggetti, con i quali peraltro può comunicare.

Figura 7.2 – Definizione di oggetto.

Gli oggetti, possono essere formati da altri oggetti, ognuno dei quali individuato quale singolo componente che a sua volta potrebbe essere costituito da ulteriori oggetti; in questa definizione a cascata è necessario però arrivare alla radice della struttura che deve necessariamente essere costituita da oggetti atomici.

Per definire un oggetto è necessario individuare:
- i suoi attributi che ne specificano le sue caratteristiche - astrazione sui dati.
- i suoi metodi che ne specificano le azioni che può compiere e/o subire - astrazione funzionale.

In precedenza per definire un oggetto abbiamo parlato di istanza, in realtà un'istanza non rappresenta altro che un particolare oggetto di una determinata classe. Ogni istanza allora risulta separata dalle altre, ma condivide le sue caratteristiche generali con gli altri oggetti della stessa classe.

Figura 7.3 – L'oggetto rosa della classe fiori.

Una classe può semplicemente essere definita come una categoria di oggetti simili, che rispondono agli stessi messaggi e per questo possono essere a buon ragione raggruppati tra loro. Per comprendere meglio tali concetti facciamoci aiutare da un esempio, consideriamo allora l'oggetto rosa:
- tale oggetto appartiene alla categoria fiori che ne rappresenta quindi la classe;
- la particolare rosa che ho tra le mani (istanza) è un esemplare di rosa (oggetto) della categoria fiori (classe);
- il numero di petali (variabile d'istanza) della rosa è associato alla particolare rosa (istanza) che ho tra le mani;
- la rosa (oggetto) può sbocciare (metodo) o appassire (altro metodo).

La programmazione ad oggetti si basa su concetti totalmente nuovi rispetto a quelli su cui si fonda la programmazione strutturata, e per ottenere i benefici garantiti da tale tecnologia è necessario tenere ben presente alcuni principi.

Molti programmatori, si avvicinano a tale tecnica attraverso un approccio sbagliato, dovuto ai retaggi acquisiti con la programmazione strutturata che li porta ad associare le classiche procedure e funzioni ai metodi della programmazione orientata agli oggetti; cosicché ad esempio le variabili globali diventano le variabili di classe.

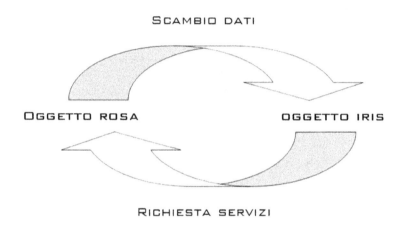

Figura 7.4 – Interazione tra gli oggetti

Naturalmente, in questo modo non si ottengono grandi benefici anzi si rende lo schema semplice e strutturato della programmazione tradizionale inutilmente complicato dall'astrazione della nuova tecnologia. È per questo che risulta più semplice imparare a programmare ad oggetti ad un principiante rispetto ad un programmatore senior formatosi sulla programmazione procedurale.

Nella programmazione ad oggetti è necessario abbandonare il concetto di algoritmo basato su azioni indipendenti. Il nostro obiettivo sarà quello di creare degli oggetti in grado di lavorare insieme e di scambiarsi informazioni cioè messaggi; dovremo allora realizzare un ambiente virtuale in cui elementi di diverso tipo, i cosiddetti oggetti, comunicheranno tra loro richiedendosi reciprocamente servizi e scambiandosi dati.

Abbiamo detto dei particolari benefici che la programmazione ad oggetti garantisce; ma quali sono ed a che cosa sono dovuti? Tali programmi risultano più semplici da scrivere, da capire e da manutenere in quanto:

- sono scritti rifacendosi ai concetti degli oggetti del mondo reale; in questo modo risultano più semplici da capire, di contro risultano più onerosi nella fase di progettazione iniziale;
- prevedono l'incapsulamento cosicché i dettagli dell'implementazione di un oggetto sono nascosti all'utilizzatore dell'oggetto;
- consentono la modularità, di modo che porzioni di programma non dipendono da altre porzioni del programma stesso e potranno così essere riutilizzate in futuri progetti rendendo più semplice la realizzazione dei nuovi lavori.

La programmazione ad oggetti come detto richiede un lavoro inizialmente più difficile, in quanto risulta fondamentale, al fine di ottenere i risultati attesi, identificare gli oggetti ed individuare i messaggi che essi si scambieranno. Per fare questo, il processo di realizzazione del software, è suddiviso in due fasi distinte:

1) Object Oriented Analysis (OOA)
2) Object Oriented Design (OOD).

Nella prima fase, sarà necessario individuare le seguenti informazioni:

- esigenze del programma;
- classi presenti nel programma;
- responsabilità di ciascuna classe.

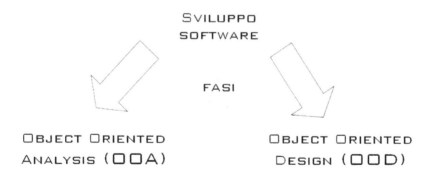

Figura 7.5 – Fasi della realizzazione di un software.

Nella fase di analisi dovremo preoccuparci di determinare la funzionalità del sistema (analisi delle esigenze), di creare una lista delle classi che sono parte del sistema, di distribuire le funzionalità del sistema attraverso le classi individuate.

Dovremo allora assicurarci di realizzare classi relativamente piccole e sufficientemente generali da prevedere di poterle usare in futuri progetti; di stabilire responsabilità e controllo in maniera distribuita, in modo da evitare un centro di controllo sull'intero progetto.

Nella seconda fase, sarà necessario individuare le seguenti informazioni:

- stabilire come gestirà la classe le sue responsabilità;
- recuperare le informazioni necessarie alla classe;
- modalità di comunicazione delle classi ;
- modalità di passaggio delle informazioni nel sistema;
- attributi e metodi che ciascuna classe deve avere

Figura 7.6 – Concetti principali della programmazione ad oggetti.

Passiamo ora ad analizzare le caratteristiche essenziali di un tale approccio alla programmazione, cercando di comprendere le radici che stanno alla base di questo nuovo modo di intendere la tecnologia software.

Il successo della programmazione ad oggetti si fonda su tre concetti principali:

1) ereditarietà;
2) polimorfismo;
3) incapsulamento.

Vediamoli nel dettaglio cercando di esprimere i relativi concetti nel modo più semplice possibile.

Ereditarietà

L'ereditarietà rappresenta la capacità offerta dal linguaggio di derivare (costruire) una nuova classe da una classe già esistente. La classe nuova verrà detta derivata mentre quella da cui siamo partiti verrà detta base; in questo modo la classe derivata eredita automaticamente le proprietà ed i metodi della classe base. Sarà allora possibile definire una classe alunni come classe derivata dalla classe base persona, dalla quale eredita gli attributi ed i metodi già visti in precedenza; in seguito potremo aggiungere attributi più specifici per la classe derivata quali:

- rendimento;
- disciplina.

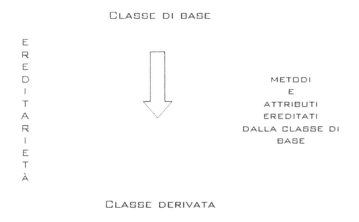

Figura 7.7 – Ereditarietà.

Mentre potranno essere definiti nuovi metodi quali:

- leggere;
- scrivere;
- fare calcoli.

Così la classe derivata oltre ad avere i propri metodi e i propri attributi eredita quelli della classe di base e ciò avviene per tutte le ulteriori sottoclassi.

Quindi possiamo affermare che l'ereditarietà permette di aggiungere proprietà ad una classe, e di modificare il comportamento dei metodi, in modo da adattarli alla nuova struttura della classe. Inoltre attraverso il suo utilizzo è ridotta sensibilmente la quantità di codice necessaria al funzionamento di una classe e quindi si rende in questo modo più semplice il lavoro del programmatore.

L'ereditarietà è rappresentativa di come la programmazione orientata agli oggetti si sviluppi in maniera **top down**, dal concetto più astratto a quello più concreto, e di come può essere usata quale meccanismo per gestire l'evoluzione ed il riuso del software. Il codice disponibile definisce delle classi, nel momento in cui si rendessero necessarie delle modifiche, saranno definite delle classi derivate che ci permetteranno di adattare la classe esistente alle nuove esigenze.

Polimorfismo

Il polimorfismo rappresenta la capacità che assumono classi differenti di esporre all'esterno interfacce simili o addirittura identiche, questo in quanto letteralmente esso indica la possibilità per uno stesso oggetto di assumere più forme. L'affinità che ne deriva semplifica notevolmente il lavoro ai programmatori, poiché non sarà più necessario ricordare centinaia di nomi e formati di sintassi diversi e soprattutto perché consentirà di gestire gruppi di classi utilizzando le stesse modalità.

Figura 7.8 – Polimorfismo

Per comprendere meglio il significato analizziamo un semplice esempio: consideriamo allora un'automobile, le sue caratteristiche variano molto a seconda del modello, ne deriva un comportamento totalmente diverso. Per tutti i modelli, il metodo principale per avviarla sarà lo stesso, anche se poi il comportamento del motore sarà diverso a seconda che si tratti di una Cinquecento oppure di una Lamborghini.

In entrambi i casi, attraverso tale azione, le automobili si metteranno in moto. Quindi una stessa richiesta (accensione) determinerà un diverso comportamento da parte dell'oggetto automobile, allora polimorfismo significa proprio questo, e cioè che gli oggetti cambiano il loro comportamento pur mantenendo la stessa forma.

Incapsulamento

Con il termine incapsulamento si definisce quella caratteristica degli oggetti di rappresentare l'unico proprietario dei propri dati, nel senso che tutti i dati sono memorizzati in un'area di memoria non accessibile direttamente da altre porzioni di un'applicazione e tutte le operazioni di assegnazione e recupero sono eseguite tramite metodi e proprietà forniti dall'oggetto stesso.
Si capisce quindi, che lo scopo principale dell'incapsulamento risieda nel fornire accesso ai dati dall'esterno, solo ed esclusivamente mediante i metodi definiti nell'interfaccia. In questo modo l'oggetto può essere visto come una scatola nera, di cui abbiamo le uniche informazioni, fornite dall'interfaccia, che ci dicono cosa sia in grado di fare e quali siano i comandi per eseguire tali operazioni, mentre nulla c'è detto su come tali azioni siano in sostanza realizzate.

Accade così che il funzionamento interno è nascosto del tutto all'utilizzatore, in modo da proteggere le altre parti del programma, dalle modifiche apportabili in esse nel caso avvenissero dei problemi all'interno della scatola, oppure nel caso si tentasse di modificare i metodi che ci permettono di ottenere quel determinato funzionamento.

Classi

Elemento fondamentale della programmazione ad oggetti è la classe che ne rappresenta la struttura fondamentale costituita dalla definizione di nuovi tipi di dati e dalle relazioni che gli consentono di rapportarsi alle altre classi. La classe allora rappresenta un modello astratto mediante il quale gli oggetti sono classificati attraverso la definizione di una serie di proprietà che li accomunano.

Elementi caratteristici di tale struttura sono:
- attributi;
- metodi.

Gli attributi detti anche variabili d'istanza, descrivono la struttura dati della classe; facciamo un esempio, supponiamo di voler definire la classe persona alla quale è possibile associare i seguenti attributi:

- età;
- sesso;
- altezza;
- peso.

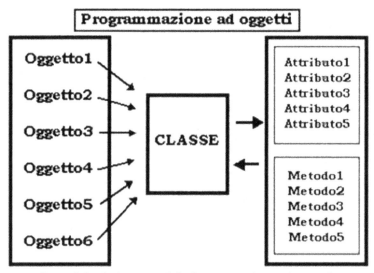

Figura 7.9 – Architettura della Programmazione ad oggetti.

I metodi invece agiscono sugli attributi attraverso una serie di regole preventivamente stabilite, o ciò che è lo stesso rappresentano un'azione che può essere compiuta da un oggetto. Sono richiamati mediante un'interfaccia, che rappresenta l'unico canale di comunicazione con l'esterno, nel senso che i dettagli del metodo sono nascosti all'utente, che invece ha a disposizione solo ed esclusivamente gli strumenti messi a sua disposizione dall'interfaccia.

Una volta che tale modello è correttamente definito, il singolo oggetto appartenente a quella specifica classe è creato, attraverso una procedura d'istanziamento che prevede l'allocazione in memoria dello spazio necessario. Contestualmente saranno inizializzati gli attributi della classe e caricati i metodi a essa correlati; da questo momento in poi l'oggetto appartenente a quella categoria identificata dalla classe, assume tutte le sue caratteristiche e può essere utilizzato all'interno della struttura chiamante.

Gli oggetti appartenenti a una stessa classe, assumono proprietà comuni pur rappresentando variabili distinte, immagazzinate in locazioni di memoria differenti e quindi del tutto indipendenti. In questo modo, oggetti con attributi inizializzati in maniera identica continuano ad esistere in qualità di elementi distinti, così come due variabili identificate da nomi differenti, restano distinte anche se caratterizzate dallo stesso valore.

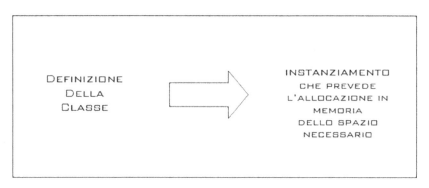

Figura 7.10 – Istanziamento di un oggetto.

Accade così che, richiamando l'esempio introdotto in precedenza, la classe `persona` permetta di attribuire a ogni oggetto alcune proprietà quali età, sesso, altezza e peso. Una volta definito e istanziato un oggetto `persona`, ad esempio `Giuseppe`, può essere caratterizzato dai valori assunti dai suoi attributi, ma può compiere anche delle azioni attraverso i metodi che saranno stati associati alla classe. Tali azioni potranno essere del tipo: parlare, mangiare, dormire, camminare, etc.

Abbiamo già definito la classe come un modello astratto, mediante il quale gli oggetti sono classificati attraverso la definizione di una serie di proprietà che li accomunano; possiamo quindi dire in parole povere che una classe rappresenta un insieme di oggetti simili, caratterizzati da una serie di proprietà che consente loro di essere raggruppati.

La sintassi Python prevede che una classe sia definita attraverso la parola chiave `class` che precede il nome della classe e subito dopo il simbolo del due punti (:). Vediamone allora un semplice esempio:

```
class Persona:
```

Si tratta di una classe che almeno per adesso non esegue alcuna operazione. Passiamo allora a definire gli elementi fondamentali di una classe, quegli elementi cioè che ne fanno parte integrante e permettono a essa di eseguire operazione e di compiere azioni.

Metodi

I **metodi** non sono altro che delle funzioni definite all'interno di una classe. Abbiamo già dato una definizione sommaria di metodo, infatti, in precedenza si è detto che i metodi rappresentano un'azione che può essere compiuta da un oggetto; vediamo ora di approfondire il concetto. Nella programmazione orientata agli oggetti, questi ultimi sono comandati dall'esterno in maniera indiretta, nel senso che le modalità con le quali le azioni che sono in grado di eseguire vengono espletate, non risultano accessibili dall'esterno; basterà allora inviare un messaggio all'oggetto, il quale sarà in grado, in maniera del tutto autonoma, di eseguire quella determinata azione.

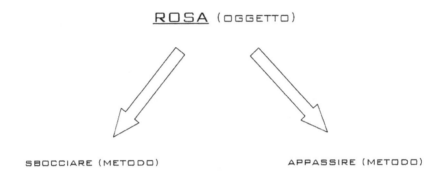

Figura 7.11 – Esempi di metodi.

Se in un primo momento tutto questo può sembrare limitativo per il programmatore, in realtà rappresenta una delle grandi comodità offerte da questa tecnica di programmazione; questo perché così non ci dobbiamo preoccupare assolutamente di come il metodo riesca ad ottenere determinati risultati, il nostro compito si limiterà solo ed esclusivamente a inviare, in maniera corretta, i necessari messaggi all'oggetto in questione. Tali messaggi, in ultima analisi, rappresentano i metodi caratteristici di un oggetto, e in questo paragrafo cercheremo di descriverne le modalità di definizione e di utilizzo.

Iniziamo a dire che i metodi sono simili alle funzioni con due differenze:

1) i metodi sono definiti all'interno della definizione di classe per rendere più esplicita la relazione tra la classe ed i metodi corrispondenti.

2) la sintassi per invocare un metodo è diversa da quella usata per chiamare una funzione.

Nel linguaggio di scripting Python, i metodi di un oggetto sono invocati attraverso la notazione puntata, nel senso che il nome del metodo seguirà quello della classe cui si riferisce separato da un punto (classe.metodo). Ad esempio per ricavare la lunghezza di una stringa potremo utilizzare la seguente notazione:

```
>>> stringa = "Giuseppe"
"Giuseppe"
>>> stringa.__len__()
8
```

Attraverso le istruzioni appena impartite, abbiamo invocato il metodo __len__ dell'oggetto stringa, che ha eseguito su tale oggetto l'azione di contare il numero di caratteri di cui è costituita la stringa. Com'è possibile verificare, ci siamo dovuti preoccupare solo di inviare il corretto messaggio all'oggetto senza interessarci di come esso riesca a eseguire l'azione.

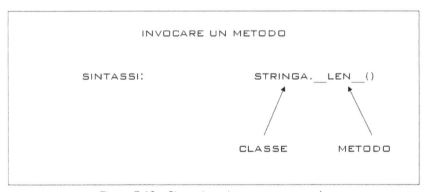

INVOCARE UN METODO

SINTASSI: STRINGA.__LEN__()

CLASSE METODO

Figura 7.12 – Sintassi per invocare un metodo.

Lo stesso metodo potrà essere invocato per diversi oggetti, provocando dei comportamenti leggermente differenti secondo la sua tipologia, ma comunque le risposte al messaggio avverranno in tempo reale.
Questo perché ogni oggetto in Python conserva la coscienza di se stesso, cioè in ogni momento è in grado di stabilire quali operazioni può eseguire e quali sono le modalità di applicazione di una particolare azione (polimorfismo).

Applichiamo allora il metodo __len__ ad un oggetto del tipo array:

```
>>> array = [10, 8, 20, 15]
>>> array.__len__()
4
```

Ottenendo in questo caso il numero di elementi contenuti nell'array. Nell'ipotesi in cui sia inviato un messaggio che l'oggetto ritiene incomprensibile, Python risponde sollevando un errore. Ad esempio cerchiamo di applicare il metodo _len_ (che restituisce la lunghezza di una stringa) ad un oggetto del tipo int, cioè ad un numero:

```
>>> num = 100
100
>>> num.__len__()
Traceback (most recent call last):
  File "<stdin>", line 1, in <module>
AttributeError: 'int' object has no attribute '__len__'
```

È allora indispensabile conoscere i metodi previsti da un oggetto, mentre come già detto, non è necessario sapere quali siano le modalità attraverso le quali l'oggetto esegue la determinata azione.

Dopo aver introdotto il concetto di metodo, vediamo ora come sia possibile definire un nuovo metodo; abbiamo già detto che il nome di un metodo deve iniziare con una lettera minuscola, mentre per la sua definizione utilizzeremo la parola chiave def:

```
def primo_metodo():
    print('questo è il nostro primo metodo')
```

L'uso delle parentesi è obbligatorio e nel caso fossero omesse, sarebbero visualizzati dei messaggi di avvertimento durante la chiamata al metodo. Un metodo può prevedere dei parametri (argomenti), che sono racchiusi tra parentesi:

```
def primo_metodo(par1,par2):
```

Anche nel caso non ci fossero dei parametri di scambio, è comunque necessario riportare le parentesi che essendo vuote, indicano appunto che non ci sono parametri di scambio. I parametri rappresentano una lista di nomi di variabili locali.
Nel caso i valori dei parametri non fossero inseriti nella chiamata al metodo, è prevista la possibilità di indicare dei valori di default attraverso l'utilizzo degli operatori di assegnazione.

```
def primo_metodo(par1=2):
    print('Il nostro primo metodo'*par1)

primo_metodo()

primo_metodo(3)
```

Nell'esempio appena considerato, dopo aver definito un nuovo metodo e aver previsto un parametro con valore di default, lo stesso è stato invocato una prima volta senza passare il parametro, mentre nella seconda chiamata si è fatto uso del parametro.

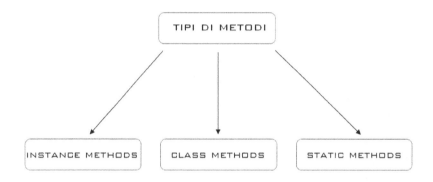

Figura 7.13 – Tipi di metodi previsti da Python.

Il risultato è riportato di seguito:

```
Il nostro primo metodoIl nostro primo metodo
Il nostro primo metodoIl nostro primo metodoIl nostro primo metodo
```

Allora quando il parametro è omesso, si utilizza il suo valore di default (cioè 2) e, infatti, la stringa è stampata a video per due volte; nel secondo caso avendo passato un parametro (con valore 3) la stringa è questa volta stampata per ben tre volte.
Python prevede tre tipi di metodi:
1) instance methods,
2) class methods,
3) static methods.
Tali metodi sono dichiarati attraverso i seguenti statements:

```
class esempio(object):
    def instance_method(self,arg):
        statements
```

```
@classmethod
    def class_method(cls,arg):
        statements


@staticmethod
    def static_method(arg):
statements
```

Un metodo d'istanza è un metodo che opera su un'istanza appartenente ad una data classe. L'istanza è passata al metodo come primo argomento, che è nominato `self` per convenzione. I metodi d'istanza sono degli attributi di istanza associati a delle funzioni. Il primo argomento di ogni metodo d'istanza è un riferimento all'istanza stessa e deve essere sempre indicato nel metodo.

Il suo utilizzo è obbligatorio se si vuole far riferimento ad attributi/metodi dell'istanza, all'interno del codice di un metodo.

```
class Prima(object):
    ...
    def primo_metodo (self): pass

x=Prima()
```

Un metodo d'istanza è un attributo dell'istanza che incapsula un attributo di classe. Ricordiamo poi che lo statement `pass`, che abbiamo utilizzato nella dichiarazione precedente, è un'operazione nulla, cioè quando è eseguita, non succede nulla. È utile come segnaposto quando una dichiarazione è richiesta sintatticamente, ma nessun codice deve essere eseguito. Un metodo di classe opera sulla classe stessa come un oggetto di classe `object`. L'oggetto `classe` è passato a un metodo di classe come primo argomento.

Un metodo di classe riceve la classe come primo argomento implicito, proprio come un metodo istanziato riceve l'istanza. Per dichiarare un metodo di una classe, è necessario utilizzare la seguente sintassi:

```
class Prima:
    def primo_metodo(cls, arg1, arg2, ...): ...
    primo_metodo = classmethod(primo_metodo)
```

Può essere chiamato sia su una classe (come `Prima.primo_metodo()`) che su un'istanza (come in `Prima ().primo_metodo ()`). La chiamata è ignorata eccetto che per quella classe. Se un metodo della classe è chiamato per una classe derivata, l'oggetto classe derivata è passato come primo argomento implicito.

METODO		AGISCE		NON È
DI	⟹	SULLA	⟹	LEGATO AD
CLASSE		CLASSE		UN OGGETTO

Figura 7.14 – Class methods.

Un metodo statico è solo una funzione che sembra essere confezionata all'interno di una classe. Non riceve un'istanza o un oggetto classe come primo argomento. Restituisce un metodo statico per la funzione `function`. Un metodo statico non riceve un primo argomento implicito. Per dichiarare un metodo statico si utilizza la seguente sintassi:

```
class Prima:
    def primo_metodo (arg1, arg2, ...): ...
    primo_metodo = staticmethod(primo_metodo)
```

Può essere chiamato sia nella classe (come in `Prima.primo_metodo()`) che in un'istanza (come in `Prima ().primo_metodo ()`). L'istanza è ignorata eccetto che per la sua classe.

Gli oggetti

Un oggetto può essere definito in diversi modi, possiamo certamente dire che rappresenta un'istanza di una classe, così come lo possiamo individuare attraverso la regione di memoria che risulta allocata e quindi associata ad esso. Giacché i linguaggi di programmazione utilizzano variabili per accedere agli oggetti, il termine oggetto e variabile sono spesso usati in alternativa: quando si crea una variabile di una classe la variabile si chiama oggetto.
Allora in definitiva possiamo affermare che la classe serve per definire come sarà fatto un oggetto, mentre l'oggetto è la realizzazione fisica della classe.

Le parole classe e oggetto sono utilizzate così spesso nella programmazione a oggetti che è facile confondere i termini. In generale una classe è una rappresentazione astratta di qualcosa, mentre un oggetto è un esempio utilizzabile della cosa rappresentata dalla classe.

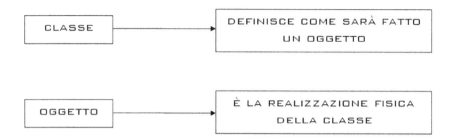

Figura 7.15 – Le classi e gli oggetti.

Gli oggetti sono collezioni di dati e di funzioni che operano su di essi. Le due cose sono impacchettate insieme in modo che qualunque parte di un programma che utilizza un oggetto ha accesso non solo agli attributi dei dati, ma anche a tutte le operazioni disponibili.

Come già anticipato, per definire un oggetto è necessario individuare:

- le sue caratteristiche (attributi), effettuando la cosiddetta astrazione sui dati.
- le azioni che può compiere e/o subire (metodi), effettuando la cosiddetta astrazione funzionale.

Può accadere che oggetti siano composti di altri oggetti, così da individuare singoli componenti che richiamano altri componenti appartenenti ad un livello più basso fino ad arrivare ad un livello che contiene oggetti atomici. In questo caso gli oggetti possono essere immaginati come sottoprogrammi che sono in grado di comunicare fra loro ricevendo o inviando messaggi attraverso i metodi.

Facciamo allora un esempio di oggetto appartenente alla classe `animali` denominandolo `gatto`, allora l'oggetto `gatto` potrà avere come proprietà il numero di zampe, la tipologia del pelo, il colore, mentre i suoi metodi potrebbero essere mangia, miagola, fa le fusa. Molti linguaggi forniscono un supporto per l'inizializzazione automatica di un oggetto, con uno o più metodi speciali detti `costruttori`. Analogamente, la fine della vita di un oggetto può essere gestita con un metodo detto `distruttore`.

Per comprendere meglio quanto fin qui detto, definiamo inizialmente una nuova classe passando poi a rappresentare degli oggetti secondo la sintassi Python. Definiamo allora la nuova classe automobile:

```
class Automobile():
    def primo(self):
```

```
print('Sono una nuova automobile')
```

Dopo aver definito la classe passiamo ad istanziare un oggetto appartenente a quella classe:

```
auto = Automobile()
```

Descriviamo in dettaglio le operazioni appena eseguite: dapprima abbiamo creato la classe con l'utilizzo della parola chiave `class` seguita dal nome della classe. Dopodiché abbiamo creato il metodo `primo` che è richiamato quando s'istanzia un nuovo oggetto. In questo caso il costruttore non fa altro che comunicare notizia dell'avvenuta creazione dell'oggetto stampando a video una stringa utilizzando la funzione `print`.

Per rendere l'esempio più articolato, al fine di analizzare come si passano i parametri a un metodo, modifichiamo la classe appena creata aggiungendo alcuni parametri caratteristici. Ad esempio se vogliamo indicare quanti cavalli e quale sia la velocità massima dell'automobile al momento della creazione, dovremo aggiungere:

```
class Automobile():
    def primo(cavalli, velocita):
        print('Cavalli='cavalli)
        print('Velocita='velocita)
```

Creiamo due oggetti: `Ferrari` e `Fiat`.

```
>>> Ferrari = Automobile()
>>> Fiat = Automobile()
```

Allora cavalli e velocità sono detti attributi e permettono di aggiungere caratteristiche alla classe e ne definiscono la visibilità all'esterno.

A questo punto basterà istanziare gli oggetti con i relativi attributi per vedere stampate le caratteristiche dell'oggetto.

```
>>> Ferrari.primo(500,315)
Cavalli= 500
Velocita= 315
```

Mentre per l'altro oggetto avremo:

```
>>> Fiat.primo(100,180)
Cavalli= 100
Velocita= 180
```

Capitolo ottavo
Operazioni d'ingresso e di uscita

Nell'acquisizione delle competenze di base, quando cioè s'inizia a imparare un nuovo linguaggio di programmazione, si assume che l'output o l'input del sistema sia quello standard, e cioè la tastiera per quanto riguarda le operazioni di ingresso ed il video per quanto riguarda le operazioni di uscita. In realtà le informazioni da processare e quelle elaborate possono essere convogliate al nostro elaboratore attraverso altri canali che non sono quelli standard; ad esempio è possibile leggere o scrivere da file, file che vengono memorizzati su un device di storage esterno, tipicamente un disco (hard disk, pen drive) o un nastro.

In questo capitolo tratteremo le istruzioni da utilizzare per accettare informazioni d'ingresso anche da sorgenti diverse dalla tastiera, e le procedure necessarie per indirizzare le informazioni di uscita in posizioni diverse dallo schermo. Vedremo poi come formattare tali informazioni, per ottenere dati d'input e output in un formato opportuno, che garantisca oltre che la correttezza dei dati, un'adeguata forma.

Gli statement input e print

Abbiamo visto come stampare a video un determinato dato attraverso il comando `print`. Ci chiediamo ora come fare affinché lo stato esterno influenzi il comportamento della macchina Python. È questo il ruolo dei costrutti d'ingresso, il più semplice dei quali è la funzione predefinita `input`; invocata con nessun argomento fa sì che l'interprete si arresti in attesa di un'espressione introdotta dall'esterno. La funzione `input` legge una riga dall'input, la converte in una stringa e la restituisce:

```
>>> var1 = input ()
10
>>> print(var1)
10
```

Dopo aver introdotto la prima istruzione, il prompt della shell si blocca in attesa che l'utente digiti la prossima istruzione che è immagazzinata nella variabile indicata. In seguito attraverso la funzione `print` è stampato a video il contenuto della variabile `var1` per verificare l'efficacia dell'istruzione.

Se invochiamo la funzione `input` con un argomento, questo è stampato dall'interprete prima di mettersi in attesa dell'input; vediamo allora un esempio:

```
>>> var1 = input ('Scrivi un numero : ')
Scrivi un numero : 10
>>> print(var1)
10
```

La funzione `input` richiede che l'espressione letta come input sia prevista dal linguaggio Python, in particolare la variabile in ingresso è considerata quale oggetto stringa. Allora vediamo l'esempio seguente:

```
>>> var2 = input ('Scrivi un numero : ')
Scrivi un numero : 20
>>>type(var2)
<class 'str'>
```

In questo caso se avessimo voluto attribuire alla variabile `var2` il tipo intero avremmo dovuto applicare la funzione `int` che come sappiamo converte una stringa in un intero:

```
>>> var3 = int(input ('Scrivi un numero : '))
Scrivi un numero : 30
>>>type(var3)
<class 'int'>
```

Lo stesso risultato si ottiene con la funzione `eval` che ritorna il tipo di dato che è stato immesso, infatti la funzione `eval` prende una stringa e ritorna i dati che Python rileva:

```
>>> var4 = eval(input ('Scrivi un numero : '))
Scrivi un numero : 40
>>>type(var4)
<class 'int'>
```

Mentre nel caso avessimo voluto inserire una stringa avremmo semplicemente scritto:

```
>>>nome = input ('Come ti chiami ? ')
Come ti chiami ? Giuseppe
>>>type(nome)
```

```
<class 'str'>
```

Nelle pagine precedenti abbiamo più volte fatto ricorso allo statement print per stampare a video il valore di una particolare variabile o il testo contenuto in una stringa. Vediamo ora in modo preciso il corretto funzionamento di questa funzione incorporata nel core di python.

La funzione print valuta un'espressione alla volta e scrive l'oggetto risultante sullo standard output, che è lo schermo se non diversamente specificato. Se l'oggetto da stampare non rappresenta una stringa, è prima convertito in una stringa, usando le regole per la conversione, quindi la stringa risultante o quella originale, è scritta. Vediamo un esempio:

```
>>>nome = input ('Come ti chiami ? ')
Come ti chiami ? Giuseppe
>>>print(nome)
Giuseppe
```

Scrivere e leggere dati

In questo paragrafo impareremo a gestire le operazioni di ingresso/uscita con il supporto di un file esterno per la memorizzazione dei dati, siano questi dati permanenti che verranno utilizzati in un'esecuzione successiva del programma, sia che si tratti di file temporanei. Tali operazioni sono molto semplici in ambiente Python.

Il modo migliore per comprendere la procedura è di basarsi su un esempio, attraverso il quale creeremo dapprima un file di testo, quindi scriveremo nel file tutti i numeri dispari minori di 50, uno per riga, ed infine leggeremo il file e calcoleremo la somma di tutti i numeri contenuti nel file. La prima operazione che eseguiremo sarà quella di creare il file con l'ausilio della funzione open, in particolare creeremo un file di nome dispari.txt e su ogni riga del file scriveremo un numero purché sia dispari e minore di 50:

```
dati = open("dispari.txt", "w")
for i in range(1,50):
    if i%2!=0:
        riga = "%i\n" % (i)
        dati.write(riga)
dati.close()
```

La creazione fisica del file avviene quando l'interprete incontra la prima riga ed in questo caso avviene nella stessa cartella dello script. La funzione predefinita `open()` accetta tre argomenti: il nome del file da aprire, il modo e il buffer.

La sintassi della funzione è la seguente:

```
dati = open (nome_file, modo, buffer)
```

Dove `dati` è la variabile contenente l'oggetto `file`, `nome_file` la stringa con il nome del file, e `modo` la modalità di apertura del file. Tale modalità può assumere i seguenti valori: "r" in lettura (read), "w" in scrittura (write), "a" in accoda (append). In sostanza questi flag specificano cosa si può fare con il file appena aperto. Inoltre esistono anche le versioni dei flag con il suffisso "+" (r+, w+, a+), ad esempio r+ apre il file in lettura e scrittura.

Figura 8.1 – File di testo creato con la funzione open e scritto con la funzione write.

È importante rilevare che la funzione `open` non crea esplicitamente un file, ma cerca di aprirlo in modalità scrittura, da questo ne consegue che se il file esiste già lo stesso verrà sovrascritto (e quindi perderemo tutti i dati che conteneva), altrimenti ne verrà creato uno nuovo.

Continuando ad analizzare lo script appena creato notiamo che nelle quattro righe che seguono, controlliamo se un numero è dispari: se lo è creiamo una stringa formattata (riga) che contiene il numero e il carattere di ritorno a capo("\n"). Chiamiamo quindi il metodo `.write()` sul nostro file passandogli come argomento la nostra stringa formattata, che provvederà a scrivere direttamente nel file.
Tali operazioni saranno ripetute fino a raggiungere il numero 50, con

l'utilizzo del ciclo for. Infine chiamiamo il metodo .close() sul nostro file in modo da non renderlo più accessibile e liberando quel poco di memoria che abbiamo occupato.

Dopo aver creato il file, calcoliamo la somma di tutti i numeri contenuti al suo interno. Per fare questo il file deve essere letto dall'interprete Python e sulle variabili andranno eseguiti dei calcoli: esistono diversi modi per farlo e noi ne vedremo alcuni.

Un primo modo è il seguente:

```
dispari = open("dispari.txt", "r")
num = dispari.readlines()
for i in range(0, len(num)):
    num[i] = int(num[i].strip("\n"))
print sum(num)
dispari.close()
```

Dunque, apriamo il nostro file in modalità sola lettura e lo assegniamo alla variabile dispari. Applichiamo a essa il metodo .readlines() ed assegniamo il risultato alla variabile num.

Questo metodo ritorna una lista in cui ogni posizione è una riga del file sottoforma di stringa. Allora il vettore num sarà del tipo:

```
['1\n', '3\n', '5\n', ... , '45\n', '47\n', '49\n']
```

Per trasformare le stringhe in interi ed eliminare il segno di ritorno a capo alla fine di ogni valore, utilizzeremo un ciclo for usando la funzione int() con il metodo .strip(), rimuovendo in questo modo da una stringa i caratteri che gli passiamo come argomento.

La nuova lista sarà del tipo:

```
[1,3,5, ... , 45,47,49]
```

Non ci resta che sommare il tutto con la funzione sum(), stampare il risultato e chiudere il file. Vediamo ora un metodo alternativo per giungere allo stesso risultato:

```
dispari = open("dispari.txt","r").read()
num = dispari.split("\n")
num.pop(len(num)-1)
for i in range(0,len(num)):
```

```
        num[i] = int(num[i])
    print(sum(p))
```

In questo caso, iniziamo con l'aprire il nostro file aggiungendo, questa volta, alla funzione `open()` il metodo `.read()`. Quest'ultimo ritorna una stringa contenete l'intero file compresi i ritorni a capo delle righe; è da notare, che verrà considerato anche l'ultimo ritorno a capo presente nell'ultima riga.

Fatto questo, per estrarre i valori da questa stringa piuttosto lunga, utilizzeremo il metodo `.split()` il quale, applicato ad una stringa con dei caratteri ricorrenti, ritorna una lista contenente solo i caratteri compresi tra quelli ricorrenti che gli sono stati passati come argomento. Ad esempio nelle stringhe che vi propongo, sono estratti solo i caratteri compresi tra quelli ricorrenti:

```
>>> "10 20 30 40".split(" ")
 ["10", "20", "30", "40"]

>>> "10?&20?&30?&40".split("?&")
 ["10", "20", "30", "40"]
```

Così facendo abbiamo ottenuto una lista di stringhe senza il carattere di ritorno a capo. Ora dobbiamo occuparci dell'ultima posizione della lista che è l'ultima riga vuota del file. Possiamo semplicemente rimuoverla tramite il metodo `.pop()` che appunto rimuove gli elementi da una lista: gli passiamo allora l'ultima posizione della lista (`len(num)-1`). Infine convertiamo gli elementi della lista in interi tramite la funzione `int`, poiché si tratta ancora di stringhe e sommiamo gli elementi, il tutto all'interno di un ciclo `for` per percorrere l'intera lista.
Come abbiamo potuto verificare, la lettura da un file è un procedimento del tutto simile alla scrittura, infatti, in primo luogo, è necessario aprire il file con la creazione di un oggetto file. Questa volta, utilizzeremo il metodo `read` "r", per specificare all'interprete Python che si ha intenzione di leggere dal file. Poiché rappresenta il metodo di default è possibile omettere il secondo argomento.

```
testo=open('testo.txt','w')
testo.write('Giuseppe\n')
testo.close()
testo = open ("testo.txt", "r")
```

È necessario assicurarsi di utilizzare il percorso del file creato in precedenza, oppure utilizzare il percorso che ci porta a qualche altro file che si desidera leggere. Se il file non esiste, Python solleverà un'eccezione. Potrete leggere una riga dal file utilizzando il metodo `readline`, la prima volta che s'invoca questo metodo su un file oggetto, ritornerà la prima riga di testo presente nel file.

```
t1=testo.readline ()
print(t1)
Giuseppe
```

Si noti che `readline` include il carattere di nuova riga alla fine della stringa restituita, infatti, nel listato è lasciata una riga vuota prima del prompt. Per leggere il contenuto del file, una riga per volta, invochiamo il metodo `.readline` ripetutamente. È inoltre possibile leggere il resto del file tutto in una volta con il metodo `.read`. Questo metodo restituisce tutto il testo del file che ancora non è stato letto. Se s'invoca il metodo `read` non appena si apre un file, sarà restituito l'intero contenuto del file, sottoforma di una sola stringa lunga.

```
testo = open ("testo.txt", "r")
t2=testo.Read ()
Print (t2)
```

Poiché abbiamo usato la funzione `print` per stampare il testo, Python mostra il carattere di nuova riga come interruzioni di riga effettiva, anziché restituirlo con il simbolo \n. Quando si è terminata la lettura del file, è necessario eliminare l'oggetto e chiudere il file:

```
>>> del testo
>>> testo.close ()
```

È senz'altro conveniente avere la possibilità di distribuire un file di testo in linee, ma è altrettanto utile essere in grado di raggruppare tutte le linee in una sola, ad esempio per utilizzarle in un ciclo. Il metodo `readlines` fa esattamente questo: restituisce la restante parte delle righe del file come una lista di stringhe.

Supponiamo, per esempio, che si desideri stampare la lunghezza di ogni linea presente in un file, allora scriveremo:

```
testo = open ("testo.txt", "r")
t3 = testo.readline()
for line in testo:
    print (len (line))
```

Ottenendo il risultato riportato nella figura 8.2.

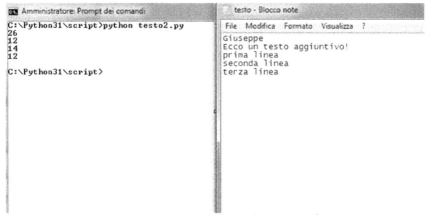

Figura 8.2 – Lettura della lunghezza delle linee del file di testo.

Nella figura 8.2 è possibile notare che l'operazione di lettura della lunghezza delle linee è iniziata dalla seconda linea ed è proseguita fino alla fine.

L'aggiunta di testo a un file è una cosa abbastanza semplice da fare. Invece di utilizzare il metodo di scrittura ("w"), si utilizza il metodo di accodamento ("a"). In questo modo, si garantisce che i dati nel file esistente non siano sovrascritti, ma, qualsiasi nuovo testo sia aggiunto alla fine del file. Proviamo il seguente codice:

```
testo=open('testo.txt','w')
testo.write('Giuseppe\n')
testo.close()
testo = open ('testo.txt', 'a')
testo.write ('Ecco un testo aggiuntivo!')
testo.close()
```

Da notare che abbiamo dovuto aggiungere il simbolo di fine linea altrimenti il testo aggiuntivo sarebbe stato aggiunto sulla stessa linea.
Se la stringa che si passa è più lunga di una riga, è aggiunta più di una riga al file; ad esempio analizziamo la porzione di codice seguente:

```
testo = open ('testo.txt', "a")
testo.write ("""
prima linea
seconda linea
terza linea """)
testo.close()
```

In questo esempio abbiamo utilizzato le virgolette triple per indicare all'interprete Python di disporre il testo su più linee. Fino a quando non si chiudono le virgolette triple, Python richiede di continuare la stringa. In una stringa multilinea, Python aggiunge interruzioni di riga alla fine di ogni riga.

Figura 8.3 – File di testo con aggiunta di stringhe attraverso il metodo append.

Poiché l'interprete Python non ha il controllo esclusivo del file system del computer, si deve essere pronti a gestire errori imprevisti durante l'accesso ai file. Quando Python incontra un problema durante l'esecuzione di un'operazione su di un file, è sollevata un'eccezione del tipo IOError. (le eccezioni saranno descritte nel capitolo 9). La stampa contenente la stringa dell'eccezione ci descriverà il problema.

Esistono molti casi in cui è possibile ottenere un'eccezione del tipo IOError, tra i più frequenti ci sono quelli che si sollevano:
- se si tenta di aprire un file in lettura che non esiste
- se si tenta di creare un file in una directory che non esiste
- se si tenta di aprire un file per il quale non si dispone di accesso in lettura
- se si tenta di creare un file in una directory per la quale non è necessario l'accesso in scrittura
- se il computer rileva un errore del disco (o errore di rete, se si accede a un file su un disco di rete)

Se vogliamo che il programma reagisca secondo opportuni protocolli, quando accadono degli errori, è necessario gestire queste eccezioni. Che cosa bisogna fare quando si riceve un'eccezione, dipende da ciò che il programma è in grado di fare. In alcuni casi, può essere utile cercare un file diverso, magari dopo la stampa di un messaggio di avviso.

In altri casi, potrebbe essere necessario chiedere all'utente cosa fare o semplicemente uscire dal file se il recupero non è possibile.

Figura 8.4 – File di testo con stringhe multilinea.

Gestione dei percorsi di file e directory

Vediamo ora come inserire in ambiente Python un percorso di un file, ci riferiremo nella maggior parte degli esempi a nomi di percorso di Windows. Se si sta lavorando su una diversa piattaforma, bisogna sostituire i percorsi di esempio con i percorsi appropriati per il sistema. Se si fa uso di Windows, tuttavia, è necessario ricordare che il simbolo backslash "\" rappresenta un carattere speciale in ambiente Python, quindi è necessario raddoppiare ogni barra rovesciata presente in un percorso.

Ad esempio, il percorso:

```
C:\Windows\Temp
```

in Python potrà essere inserito attraverso la stringa

```
"C:\\Windows\\Temp"
```

Se si preferisce, si può altresì disattivare il trattamento del carattere speciale backslash in una stringa inserendo una r prima dell'apertura delle virgolette, quindi questo stesso percorso può essere scritto come:

```
r "C:\Windows\Temp"
```

Python utilizza un oggetto stringa per contenere il nome del percorso di un file di esempio, percorso che sarà necessario per creare e accedere a un file o ad una directory.

Ad esempio se si utilizza Windows, potremo inserire il seguente percorso:

```
>>> Path = "C:\\esempio.txt"
```

Se invece si utilizza Linux, immetteremo il seguente percorso:

```
>>> Path = "/tmp/esempio.txt"
```

Quando si apre un file, o si modifica attraverso le funzioni di manipolazione discusse in questo paragrafo, si può specificare un percorso relativo (un percorso relativo alla directory corrente, la directory in cui il vostro programma o Python è stato eseguito) o un percorso assoluto (un percorso a partire dalla radice del disco o del file system).

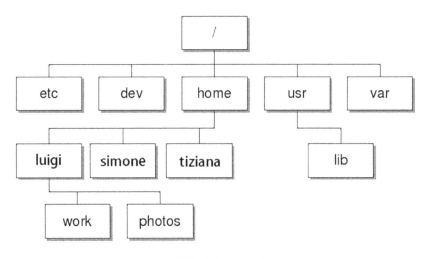

Figura 8.5 – Filesystem Linux.

Per esempio:

```
/tmp/sample.txt
```

è un percorso assoluto, mentre solo sample.txt, senza la specificazione di quale directory c'è al di sopra di esso, è un percorso relativo.

I filesystem Windows, Linux, UNIX e Mac OS / X hanno molto in comune, ma differiscono per alcune delle loro regole, convenzioni e capacità. Ad esempio, Windows utilizza una barra rovesciata "\" per indicare i nomi in un percorso, mentre Linux e UNIX e Mac OS / X utilizzano lo slash (/).

Inoltre, Windows usa le lettere di unità, mentre gli altri no. L'utilizzo del modulo os non ci risolverà tutti i problemi di portabilità, e inoltre alcune sue funzioni non sono disponibili su tutte le piattaforme. Anche se si ha intenzione di usare i programmi solo su una singola piattaforma non si può sapere a priori se qualcuno tenterà di eseguirlo su un altra piattaforma. Così sarà opportuno studiare il modulo os, poiché offre molti servizi utili. La prima cosa da non dimenticare è di importare il modulo os in modo da poterlo utilizzare.

Figura 8.6 – Il modulo OS.

Le funzioni del modulo os sollevano eccezioni OSError in caso di fallimento. Se si desidera che il programma si comporti in un predeterminato modo, all'occorrenza di problemi, è necessario gestire questa eccezione. Come con IOError, la stringa rappresentata a video, quando è sollevata l'eccezione, fornirà una descrizione del problema.

Il modulo os contiene un altro modulo, os.path, che fornisce funzioni per manipolare i percorsi. Poiché i percorsi sono stringhe, è possibile utilizzare la manipolazione di stringhe ordinaria per assemblare e disassemblare i percorsi dei file. Per assemblare i nomi delle directory in un percorso, è possibile utilizzare os.path.join. Python utilizza un separatore di percorso appropriato per ogni sistema operativo. Come sempre occorre ricordare di importare il modulo os.path prima di utilizzarlo.

Ad esempio, in Windows, inserendo la seguente porzione di codice:

```
import os.path
os.path.join("giuseppe", "ciaburro")
```

produrremo il seguente percorso:

```
'giuseppe\\ciaburro'
```

Su Linux invece, con gli stessi parametri, il metodo `os.path.join` fornirà un risultato diverso:

```
'giuseppe/ciaburro'
```

Se al contrario avvertissimo l'esigenza di spezzettare un percorso di un file o di una directory dovremmo allora utilizzare la funzione inversa e cioè `os.path.split`, che scinde l'ultimo componente di un percorso e restituisce una tupla di due elementi: il percorso della directory padre e l'ultimo componente del percorso.
Di seguito un esempio in ambiente Windows:

```
os.path.split ("C:\\Programmi\\Python31\\Tools")
('C:\\Programmi\\Python31', 'Tools')
```

In ambiente UNIX o Linux, l'utilizzo della funzione `os.path.split` produce il seguente risultato:

```
os.path.split ("/usr/bin/python")
('/usr/bin', 'python')
```

Come abbiamo potuto constatare lo spezzettamento automatico delle sequenze risulta particolarmente utile, in quanto, gli elementi della tupla restituita dalla funzione `os.path.split`, possono essere assegnati a variabili diverse, come è possibile verificare nell'esempio seguente:

```
>>>nome_percorso,nome_dir=os.path.split("C:\\Programmi\\Python31\\ Tools")
>>> print (nome_percorso)
C:\Programmi\Python31
>>> print (nome_dir)
```

Tools

Poiché la funzione `os.path.split` estrae solo l'ultimo componente del percorso, cosa bisogna fare per dividere un percorso completo nei singoli nomi delle directory?

Basterà scrivere una funzione che chiama una prima volta `os.path.split` sull'intero percorso, e poi successivamente richiamare nuovamente `os.path.split` sul percorso della directory superiore, e così via, fino ad arrivare in fondo alla directory principale.

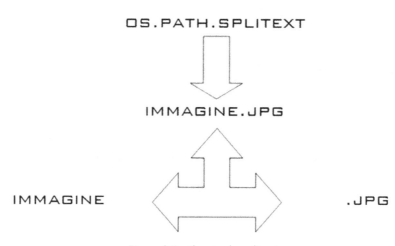

Figura 8.7 – Il metodo splitext.

Un modo elegante per farlo è creare una funzione ricorsiva, che rappresenta una funzione che chiama se stessa. Si potrebbe fare qualcosa del tipo:

```
def split_path (percorso):
    nome_percorso,nome_dir = os.path.split (percorso)
    if nome_dir == "":
        return (nome_percorso, )
    else:
        return split_path(nome_percorso) + (nome_dir, )
```

Nella funzione appena scritta risulta fondamentale l'ultima riga, dove la funzione chiama se stessa per dividere il percorso superiore in due componenti. L'ultima componente del percorso, il nome della directory, è quindi separato dal resto del percorso. Le altre righe di codice sono necessarie a impedire che la funzione `split_path` richiami se stessa all'infinito.

Infatti nel momento in cui `os.path.split` individua una stringa vuota nella variabile `nome_dir`, la funzione restituisce il percorso superiore senza effettuare nuovamente la chiamata. Una funzione può chiamare se stessa in modo sicuro, perché l'interprete Python tiene traccia degli argomenti e delle variabili locali in ogni esecuzione della funzione, anche se la stessa è chiamata da un'altra funzione.

Come già detto, quando si scrive una funzione ricorsiva, è necessario assicurarsi che la chiamata non avvenga all'infinito, poiché non si otterrebbe mai il valore di ritorno; di questo l'interprete Python se ne accorge, e ci avvisa, perché non avendo spazio in cui tenere traccia di tutte le chiamate, solleva un'eccezione.

Dopo aver ottenuto il nome di un file, è possibile separare la sua estensione con `os.path.splitext`:

```
>>> os.path.splitext ("immagine.jpg")
('immagine','.jpg')
```

La chiamata a `splitext` restituisce una tupla con due elementi, in modo da poter estrarre solo l'estensione, come illustrato di seguito:

```
>>>parti=os.path.splitext("immagine.jpg")
>>>estensione = parti[1]
```

Nel caso si necessiti solo di una parte del nome del file (nome o estensione), è possibile estrarre solo la componente desiderata, ad esempio l'estensione, direttamente dal valore di ritorno del metodo `splitext`:

```
>>>estensione=os.path.splitext("immagine.jpg")[1]
```

Un altro metodo di sicuro interesse è `os.path.abspath`, che converte un percorso relativo alla directory corrente in un percorso assoluto a partire dalla radice del disco o del file system, vediamo allora come opera attraverso l'analisi di un'esempio:

```
>>> print (os.path.abspath ("script"))
C:\\Python31\script
```

L'output dipende dalla directory corrente in cui ci troviamo nel momento in cui effettuiamo la chiamata al metodo `abspath`. È possibile verificare che il metodo funziona, anche se nella directory corrente non è presente un file reale o una directory con quel nome.

Per controllare se il percorso di un dato file o directory effettivamente esiste, possiamo utilizzare il metodo os.path.exists. Tale metodo restituisce semplicemente vero o falso a seconda se il file o la directory, individuata da quel percorso esiste oppure no:

```
>>>os.path.exists("C:\\Windows")
true
>>>os.path.exists("C:\\Windows\\Simone")
false
```

Per conoscere il contenuto di una directory possiamo far uso del modulo os.listdir, che restituisce un elenco delle voci di file e sottodirectory contenute nel percorso indicato.

Vediamo allora cosa contiene la cartella dell'interprete Python (Figura 8.8):

```
>>>os.listdir("C:\\Python31)
['DLLs', 'Doc', 'include', 'Lib', 'libs', 'pari.txt', 'python.exe',
'python31.exe', 'pythonw.exe', 'pythonw31.exe', 'script', 'tcl', 'tizia-
na2010.txt', 'Tools']
```

Figura 8.8 – Il metodo listdir.

Notiamo che i nomi sono elencati senza un particolare ordine e senza distinguere i file dalle cartelle. Scriviamo allora una funzione che elenca il contenuto di una directory, stampa i percorsi completi di file e directory e dispone le stampe una per riga:

```
def stampa_dir(dir_path):
for nome in os.listdir(dir_path):
```

```
print(os.path.join(dir_path, nome))
```

Proviamo la funzione in questo modo:

```
>>> stampa_dir ("C: \ \ Python31")
```

ottenendo il seguente risultato (Figura 8.9):

```
C:\Python31\DLLs
C:\Python31\Doc
C:\Python31\include
C:\Python31\Lib
C:\Python31\libs
C:\Python31\pari.txt
C:\Python31\python.exe
C:\Python31\python31.exe
C:\Python31\pythonw.exe
C:\Python31\pythonw31.exe
C:\Python31\script
C:\Python31\tcl
C:\Python31\tiziana2010.txt
C:\Python31\Tools
```

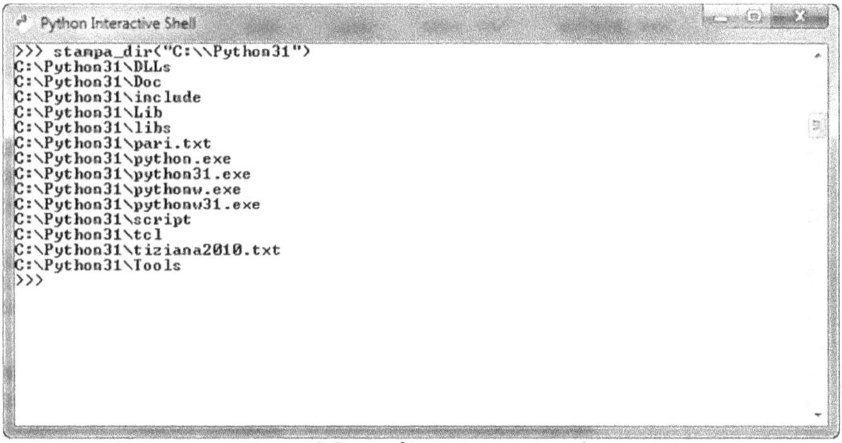

Figura 8.9 – La funzione stampa_dir.

Manipolazione di file e directory

Il modulo shutil contiene delle importanti funzioni per operare sui file. Ad esempio è possibile utilizzare la funzione shutil.move per rinominare un file, come sempre ricordiamo di importare il modulo nell'ambiente di lavoro prima di richiamare una sua funzione (Figura 8.10):

```
>>>import shutil
>>>shutil.move("tiziana2010.txt","simone2013.txt")
```

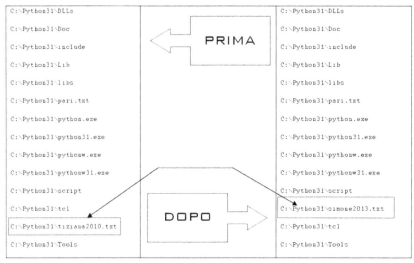

Figura 8.10 – Rinominare un file con la funzione shutil.move.

In alternativa, è possibile utilizzare funzione `shutil.move` per spostare un file in un'altra directory, vediamo come:

```
>>>shutil.move("simone2013.txt","C:\\Python31\\script\\")
```

In questo modo abbiamo copiato il file `simone2013.txt` dalla directory corrente alla directory `c:\\Python31\\script\\`. Il modulo `shutil` fornisce anche la funzione di copia, per copiare un file con un nuovo nome o in una nuova directory. Per fare questo è sufficiente utilizzare il seguente costrutto:

```
>>>shutil.copy ("simone2013.txt", "C:\\Python31\\script")
>>>stampa_dir("C:\\Python31\\script")
C:\Python31\script\dispari.txt
C:\Python31\script\doc.py
C:\Python31\script\simone2013.txt
C:\Python31\script\testo.py
C:\Python31\script\testo.txt
C:\Python31\script\testo2.py
```

L'eliminazione di un file è invece ancora più semplice, infatti basta richiamare la funzione `os.remove`:

```
>>>os.remove("simone2013.txt")
>>> stampa_dir("C:\\Python31\\script")
C:\Python31\script\dispari.txt
C:\Python31\script\doc.py
C:\Python31\script\testo.py
C:\Python31\script\testo.txt
C:\Python31\script\testo2.py
```

Passiamo ora alla creazione e rimozione di directory, iniziamo creando una directory vuota attraverso la funzione os.mkdir:

```
>>>os.mkdir("C:\\Python\\script\\Prima_dir")
>>>stampa_dir("C:\\Python31\\script")
C:\Python31\script\dispari.txt
C:\Python31\script\doc.py
C:\Python31\script\Prima_dir
C:\Python31\script\testo.py
C:\Python31\script\testo.txt
C:\Python31\script\testo2.py
```

Quando si utilizza la funzione os.mkdir è necessario che la directory superiore esista già altrimenti Python solleva un'eccezione. Un altro modo di creare una directory è quello di utilizzare la funzione os.makedirs, che crea anche le directory superiori se mancano.

Ad esempio, la seguente istruzione creerà la sottodirectory Prova all'interno della directory esempi che al momento non è presente nel file system del computer:

```
>>>os.makedirs("C:\\Python31\\esempi\\Prova")
```

Rimuovere una directory poi è immediato con l'ausilio della funzione os.rmdir. Questa funzione può essere però utilizzata solo per eliminare directory vuote, se la directory non è vuota, è necessario dapprima rimuoverne il contenuto:

```
>>>os.rmdir("C:\\Python31\\esempi\\Prova")
```

Questa istruzione rimuove solo la sottodirectory Prova. Ma Python ha previsto un modo per rimuovere una directory, anche quando contiene altri file e sottodirectory, attraverso la funzione shutil.rmtree. Naturalmente questo è uno di quei comandi distruttivi che è necessario maneggiare con cura.

```
>>>shutil.rmtree("C:\\Python31\\esempi\\Prova")
```

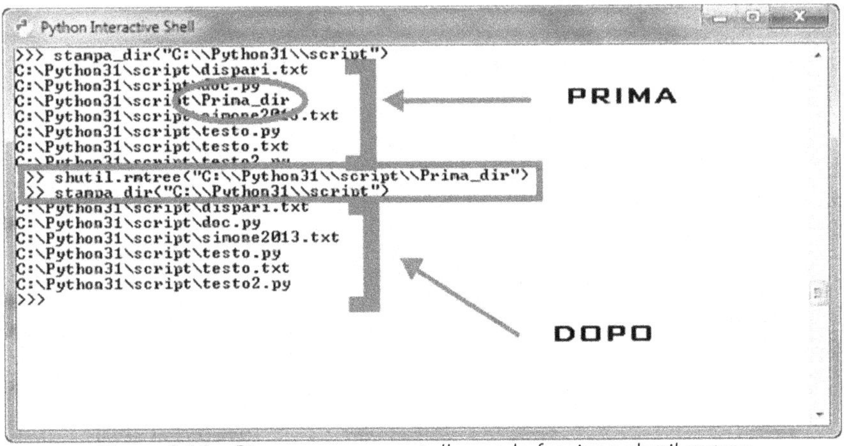

Figura 8.11 – Rimuovere una cartella con la funzione shutil.rmtree

Chi ha utilizzato il prompt dei comandi di Windows, o una riga di comando di Linux, UNIX, o Mac OS X, probabilmente avrà già incontrato i cosiddetti caratteri jolly. Questi sono dei caratteri speciali che si usano per raggruppare, ad esempio in una selezione, una serie di file con nomi simili.

Tale procedura adotta il cosiddetto glob pattern che individua una sintassi attraverso la quale si rappresenta un insieme di stringhe. Si tratta della sintassi tradizionalmente usata nelle shell testuali dei sistemi Unix, Unix-like e MS-DOS, per eseguire l'espansione di nomi di file e directory, ed essa riprende in piccola parte quella delle espressioni regolari.

Python fornisce una funzione denominata glob, contenuta all'interno del modulo anch'esso chiamato glob, che implementa il globbing dei contenuti delle directory. La funzione glob.glob prende un modello di glob e restituisce un elenco di nomi di file corrispondenti o percorsi, in modo analogo al risultato ottenuto con la funzione os.listdir.

Ad esempio, proviamo il seguente comando per elencare le voci nella directory c:\\Python\\script\\ che iniziano con la lettera t:

```
>>>import glob
>>>glob.glob ("C:\\Python31\\script\\t*")
['C:\\Python31\\script\\testo.py','C:\\Python31\\script\\testo.txt','C:\\Py
thon31\\script\\testo2.py']
```

Il risultato del comando dipende dal sistema operativo installato sulla macchina in uso, ma comunque è possibile osservare come `glob.glob` restituisca i percorsi che contengono le lettere di unità e i nomi delle directory.

Nella tabella 8.1 è riportato un elenco di tutti i caratteri jolly previsti dal Python con il relativo significato.

Tabella 8.1 – Lista dei caratteri jolly

Carattere	Significato
*	corrisponde a tutti i caratteri
?	corrisponde ad un qualsiasi carattere singolo
[stringa]	corrisponde ad ogni carattere di stringa
[!stringa]	corrisponde ad ogni carattere non contenuto in stringa

Capitolo nono
Gestione delle eccezioni

Abbiamo già visto come utilizzare i costrutti che il linguaggio Python ci mette a disposizione, per scrivere in modo corretto un programma per la risoluzione di un problema. A questo punto possiamo erroneamente pensare di aver terminato il lavoro; in realtà è ora che inizia il lavoro più duro che è quello del debugging del programma, cioè dell'individuazione dei cosiddetti errori di programmazione che si manifestano solo durante lo sviluppo e l'esecuzione di un codice.

Tali errori di programmazione si possono distinguere essenzialmente in tre categorie principali (Figura 9.1):

1) errori di sintassi,
2) errori di logica,
3) errori di runtime.

Gli errori di sintassi sono i più semplici da individuare poiché è lo stesso interprete Python che li individua e ne descrive la tipologia attraverso i messaggi che sono stampati a video.

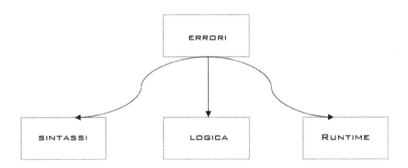

Figura 9.1 – Tipi di errori di programmazione.

Si tratta di errori che si commettono nella fase di scrittura del programma e sono in genere errori di ortografia o di sintassi delle istruzioni. Gli errori di sintassi impediscono la compilazione del programma da parte dell'interprete che quindi tipicamente segnalerà la presenza dell'errore.

Gli errori di logica sono i più difficili da individuare, questo perché l'interprete non ci fornisce alcuna informazione a riguardo, essendo il programma formalmente corretto dal punto di vista della sintassi. Ci accorgiamo della presenza dell'errore perché l'algoritmo non fornisce l'output richiesto nell'ambito di una o più istanze del problema da risolvere. Tali errori possono essere causati da una mancata comprensione del problema da calcolare o dei vincoli che i dati in input devono rispettare, o ancora nella valutazione del test dell'algoritmo. Per l'individuazione di tali errori è necessario effettuare il debugging del codice.

Infine ci sono gli errori di runtime, che rappresentano degli errori che avvengono nella fase di esecuzione del programma, anche se l'algoritmo è corretto e il codice è interpretato giustamente. Tali errori sono usualmente contenuti nell'algoritmo, ad esempio si può erroneamente modificare una variabile nel corso del calcolo o eseguire un calcolo scorretto. Gli errori di run-time si evidenziano quando il programma produce dei risultati inaspettati. Tali errori possono essere gestiti dal codice in modo che il verificarsi dell'evento non pregiudichi il corretto risultato dell'intero progetto.

Le eccezioni

Come già anticipato, il fatto che un'istruzione o un'espressione, sia sintatticamente corretta, non ci mette al riparo dal causare un errore quando si tenta di eseguirla. Tali errori, che sono rilevati durante l'esecuzione di un programma, sono dette eccezioni e non sono necessariamente causa di un arresto incondizionato del programma. Infatti, a essi si può porre rimedio imparando a gestirli opportunamente con gli strumenti che Python ci mette a disposizione. La maggior parte delle eccezioni è gestita direttamente dai programmi e causa dei messaggi di errore, come i seguenti:

```
>>> 9 * (5/0)
Traceback (most recent call last):
  File "<stdin>", line 1, in ?
ZeroDivisionError: integer division or modulo by zero
>>> 1 + var*2
Traceback (most recent call last):
  File "<stdin>", line 1, in ?
```

```
NameError: name 'var' is not defined
>>> '10' + 10
Traceback (most recent call last):
  File "<stdin>", line 1, in ?
TypeError: cannot concatenate 'str' and 'int' objects
```

In tutti e tre i casi appena analizzati, l'ultima riga del messaggio di erro-re ci fornisce informazioni dettagliate su cosa sia successo. Le eccezioni rilevate nell'esecuzione delle istruzioni appena viste sono di diversi tipi, ed il loro tipo è stato stampato come parte del messaggio:

- ZeroDivisionError,
- NameError,
- TypeError.

Analizziamo allora nel dettaglio le eccezioni che abbiamo sollevato at-traverso le nostre righe di codice. Nella stringa stampata compare in-nanzitutto la posizione nel codice dove si è verificato l'evento e quale tipo d'eccezione si sia riscontrata attraverso l'indicazione del nome dell'eccezione stessa. Questo avviene nel caso di tutte le eccezioni built-in, ma non per tutte le eccezioni definite dall'utente. Il resto della riga ci fornisce un'interpretazione dettagliata del suo significato e di-pende dal tipo d'eccezione.

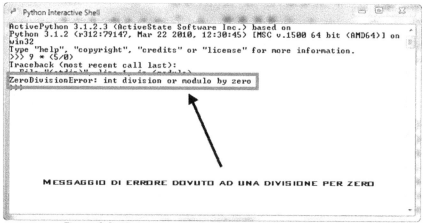

Figura 9.2 –Tipico messaggio di errore della shell di Python.

Di seguito si riporta un elenco delle eccezioni previste da Python:
exception `AssertionError`: è sollevata quando un'istruzione `assert` fallisce.

- exception `AttributeError`: è sollevata quando un riferimento ad un at-tributo o ad un assegnamento fallisce. (Nel caso in cui un oggetto non supporti affatto i riferimenti ad un attributo o gli assegna-menti ad un attributo, è sollevata un'eccezione di tipo `TypeError`).

- exception `EOFError`: è sollevata quando una delle funzioni built-in incontra un codice di controllo indicante la fine del file (`EOF`) senza avere letto alcun dato. I metodi `read()` e `readline()` del file oggetto restituiscono una stringa vuota quando incontrano un `EOF`.

- exception `FloatingPointError`: è sollevata quando un'operazione in virgola mobile fallisce.

- exception `IOError`: è sollevata quando una operazione di I/O, come un'istruzione `print`, la funzione built-in open() o il metodo di un file oggetto, fallisce per una ragione legata all'I/O, p.es. ``file not found'' o ``disk full''.

- exception `ImportError`: è sollevata quando un'istruzione import fallisce nella ricerca della definizione del modulo, o quando l'importazione in un ciclo from ... import fallisce la ricerca del nome che deve essere importato.

- exception `IndexError`: è sollevata quando una sequenza in un sottoscript è fuori dall'intervallo.

- exception `KeyError`: è sollevata quando una chiave di un dizionario non è trovata nell'insieme delle chiavi esistenti.

- exception `KeyboardInterrupt`: è sollevata quando l'utente preme la combinazione interrupt (`control+C` oppure `Delete`). Gli interrupt digitati quando una funzione built-in è in attesa di input, sollevano ugualmente questa eccezione.

- exception `MemoryError`: è sollevata quando una operazione esegue un out of memory, ma la situazione può essere ancora recuperata (cancellando alcuni oggetti). Il valore associato è una stringa indicante quale tipo di operazione (interna) è stata eseguita out of memory.

- exception `NameError`: è sollevata quando un nome locale o globale non è trovato. Questo si applica solo ai nomi non qualificati. Il valore associato è un messaggio di errore che include il nome che non può essere trovato.

- exception `NotImplementedError`: questa eccezione è derivata da RuntimeError. Nelle classi base definite dall'utente, i metodi astratti dovrebbero sollevare questa eccezione quando richiedono delle classi derivate per sovrascrivere il metodo.

- exception `OSError`: questa classe è derivata dal `EnvironmentError` ed è usata principalmente come l'eccezione os.error del modulo os.

- exception `OverflowError`: è sollevata quando il risultato di un'operazione aritmetica è troppo grande per essere rappresentato. Questo non può accadere per gli interi long (che dovrebbero semmai sollevare un'eccezione `MemoryError` piuttosto che desistere dall'operazione).

- exception `ReferenceError`: questa eccezione è sollevata quando un riferimento debole ad un proxy, creato dalla funzione `weakref.proxy()`, è usato per accedere ad un attributo del referente dopo che è stato aggiunto ai dati inutili da elaborare dalla garbage collection.

- `exception RuntimeError`: è sollevata quando si rileva un errore che non ricade in nessuna delle altre categorie. Il valore associato è una stringa indicante precisamente che cosa si è vericato.

- `exception StopIteration`: è sollevata dal metodo `next()` di un iteratore, per segnalare che non ci sono ulteriori valori.

- `exception SyntaxError`: è sollevata quando il parser incontra un errore di sintassi. Questo può verificarsi nell'istruzione import, in un'istruzione exec, in una chiamata alle funzioni built-in `eval()` o `input()`, o nella lettura dello script iniziale o dello standard input.

- `exception SystemError`: è sollevata quando l'interprete trova un errore interno, ma la situazione non sembra così seria da farci abbandonare tutte le speranze. Il valore associato è una stringa indicante che cosa si è verificato.

- `exception SystemExit`: questa eccezione è sollevata dalla funzione sys.exit().

- `exception TypeError`: è sollevata quando un'operazione o una funzione è applicata ad un oggetto di tipo inappropriato. Il valore associato è una stringa contenente i dettagli sul tipo errato.

- `exception UnboundLocalError`: è sollevata quando è creato un riferimento ad una variabile locale in una funzione o metodo, ma nessun valore è stato collegato a quella variabile.

- `exception UnicodeError`: è sollevata quando interviene un errore di codifica o decodifica riferita ad Unicode.

- `exception UnicodeEncodeError`: è sollevata quando un errore, con riferimento ad Unicode, interviene durante la codifica.

- `exception UnicodeDecodeError`: è sollevata quando un errore, con riferimento ad Unicode, interviene durante la decodifica.

- `exception UnicodeTranslateError`: è sollevata quando un errore, con riferimento a Unicode, interviene durante la traduzione.

- `exception ValueError`: è sollevata quando un'operazione o funzione built-in ricevono un argomento che ha il tipo giusto ma valore inappropriato, e la situazione non è descritta da una eccezione più precisa, come IndexError.

- `exception WindowsError`: è sollevata quando interviene un errore specifico di Windows o quando il numero dell'errore non corrisponde ad uno specifico valore.

- `exception ZeroDivisionError`: è sollevata quando il secondo argomento di una divisione o di una operazione su di un modulo è zero. Il valore associato è una stringa indicante il tipo degli operandi e dell'operazione.

Le seguenti eccezioni vengono usate come categorie di avvertimenti:

- `exception Warning`: classe base della categoria degli avvertimenti.
- `exception UserWarning`: classe base degli avvertimenti generata dal codice utente.
- `exception DeprecationWarning`: classe base degli avvertimenti relativi a caratteristiche deprecate.
- `exception PendingDeprecationWarning`: classe base degli avvertimenti riguardanti caratteristiche che verranno deprecate in futuro.
- `exception SyntaxWarning`: classe base di avvertimenti riguardanti sintassi dubbie.
- `exception RuntimeWarning`: classe base per avvertimenti riguardanti comportamenti dubbi durante l'esecuzione.
- `exception FutureWarning`: classe base per avvertimenti riguardanti i costrutti che cambieranno semantica in futuro.

La gestione delle eccezioni

Con il termine gestione delle eccezioni s'intende un insieme di costrutti e regole sintattiche e semantiche presenti nel linguaggio allo scopo di rendere più semplice, chiara e sicura la gestione di eventuali situazioni anomale che si possono verificare durante l'esecuzione di un programma. La gestione delle eccezioni è rivolta a facilitare l'uso di meccanismi ragionevoli per gestire situazioni erronee o eccezionali che sorgono nei programmi e può essere usata per passare informazioni sulle situazioni d'errore che avvengono all'interno del codice e rispondere selettivamente a quegli errori.

Attraverso la gestione delle eccezioni è possibile consentire al programma di continuare la sua normale operatività e prevenire errori interni (crash), che comportano la visualizzazione di messaggi d'errore di difficile comprensione per l'utente. Sarà allora sufficiente arrestare il programma e produrre un resoconto dell'errore; la differenza rispetto a sistemi che non fanno uso di eccezioni per segnalare esecuzioni anomale del programma sta nel fatto che con un'appropriata gestione delle eccezioni la condizione erronea può essere localizzata con precisione, semplificando il debugging.

In molti casi le operazioni, previste dall'algoritmo implementato per il nostro programma, possono generare errori in esecuzione; quando questo accade, è opportuno che il programma non si blocchi. La soluzione a tale problema è di gestire l'eccezione usando le istruzioni try ed except.

Per capirne il funzionamento, vediamo un semplice esempio che chiede ad un operatore di inserire il nome di un file per poi provare ad aprirlo. Se il file non esiste il programma si blocca mostrando un messaggio di errore; vediamo come gestire questa possibile eccezione al fine di evitare il blocco del programma:

```
NomeFile = input('Inserisci il nome del file: ')
try:
    var = open (NomeFile, "r")
except:
    print('Il file', NomeFile, 'non esiste')
```

Vediamo allora il funzionamento di questo blocco di programma: la prima istruzione è molto semplice non facciamo altro che richiedere di digitare da tastiera il nome del file che intendiamo aprire. Fatto questo, passiamo all'istruzione try che esegue le istruzioni nel suo blocco, e nel caso non si verifichino eccezioni (e cioè se le istruzioni del blocco try sono eseguite senza errori), l'istruzione seguente e cioè except ed il blocco corrispondente è saltato ed il codice del programma è eseguito a partire dalla prima istruzione presente dopo il blocco except.

Nel caso invece avvenga qualche eccezione (ad esempio che il file richiesto non esiste), l'esecuzione del codice è interrotta immediatamente ed è eseguito il blocco except.
Il tutto può essere inserito in una funzione che chiameremo PresenzaFile che prende un nome di un file e ritorna il valore vero se il file esiste, falso se non esiste. Vediamo come fare:

```
def PresenzaFile(NomeFile):
try:
    var = open(NomeFile)
    var.close()
    return 1
except:
    return 0
```

È inoltre possibile utilizzare dei blocchi multipli d'istruzioni except per gestire diversi tipi di eccezioni. Un altro modo di sollevare un'eccezione nel corso dell'esecuzione di un programma consiste nell'utilizzo dell'istruzione raise in modo da generare un errore quando qualche condizione non è verificata, vediamone un esempio:

```
def NumeriDaTastiera():
num = input ('Digita un numero maggiore di 10: ')
if num < 10 :
   raise 'NumeroErrato', 'Il numero è < di 10!'
   return num
```

Nell'esempio appena visto, si genera un errore in esecuzione quando è digitato un numero minore di 10. L'istruzione raise accetta due argomenti: il tipo di eccezione e l'indicazione specifica del tipo di errore. Nel nostro caso abbiamo creato un nuovo tipo di eccezione che abbiamo nominato "NumeroErrato", mentre il testo: "Il numero è < di 10!" rappresenta l'indicazione che ne specifica la natura.

Allora se la funzione determina la chiamata dell'istruzione raise, Python stampa il messaggio d'errore e termina l'esecuzione:

```
>>> NumeriDaTastiera ()
Digita un numero maggiore di 10: 9
NumeroErrato: Il numero è < di 10!
```

Come appena verificato il messaggio di errore include l'indicazione del tipo di eccezione e l'informazione aggiuntiva che è stata fornita.

Debugging del codice

Per debugging si intende la procedura con la quale si cerca di individuare la porzione di codice affetta da un errore (bug), rilevato nel programma una volta che questo è stato mandato in esecuzione. Tale procedura è una delle operazioni più importanti per la messa a punto di un programma, si presenta molto difficile per la complessità del codice da analizzare e da eseguire con attenzione dato il pericolo di introdurre nuovi errori o comportamenti difformi da quelli desiderati.

Nel debug di applicazioni software, si possono riconoscere le seguenti fasi:

- identificazione del bug;
- individuazione della porzione di codice in cui è presente il bug;
- individuazione della istruzione che causa il bug;
- progettazione di una correzione per il bug;
- implementazione e testing della correzione.

L'errore può manifestarsi sia nel momento di collaudo del programma, durante la fase di sviluppo quando lo stesso non è stato ancora distribuito, sia in fase di utilizzo, quando cioè il programma è mandato in esecuzione dall'utente finale. Dopo aver rilevato l'errore si procede con la fase di debugging, che ha come scopo quello della rimozione del bug appena rilevato.

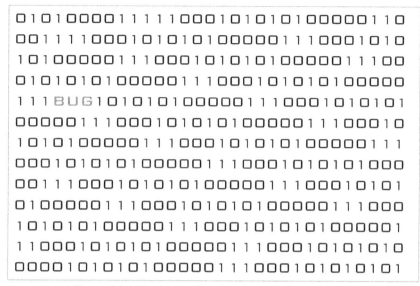

Figura 9.3 –Rilevazione di un bug in un codice sorgente.

Per venire incontro al programmatore, nella procedura di debugging, che come già detto, si presenta spesso lunga e difficoltosa, esistono dei programmi specifici detti debugger, che forniscono un utile ausilio allo sviluppatore, dando la possibilità di seguire il flusso del programma, istruzione per istruzione, e permettono l'analisi dei dati trattati. Se non si dispone di un debbugger si procede al debbugging manuale, attraverso il quale si procede con lo stampare a video o su file le istruzioni che il programma sta eseguendo, inserendo a tal scopo nel codice delle istruzioni specifiche.

Il linguaggio Python offre numerose risorse che ci aiutano nel lavoro di debugging, quali alcuni debugger integrati nelle diverse idle distribuite, ma tutti questi strumenti hanno origine dal modulo pdb che definisce un debugger interattivo per il codice sorgente.

Tale modulo consente l'impostazione condizionata dei breakpoint e l'avanzamento riga per riga a livello di codice sorgente, l'ispezione degli stack frame, il listato del codice sorgente e la valutazione di codice Python arbitrario nel contesto di qualunque stack frame.

Per comprendere meglio l'utilizzo del modulo pdb facciamoci aiutare da un semplice esempio, attraverso la scrittura del codice con un normale text-editor e la sua esecuzione attraverso una finestra di terminale. Scriviamo le seguenti righe di codice:

```
# test.py
import pdb
riga1 = "Eseguiamo il debbugging del programma, "
pdb.set_trace()
riga2 = "utilizzando il modulo pdb "
riga3 = "che rappresenta il DeBugger di Python "
frase = riga1 + riga2 + riga3
print(frase)
```

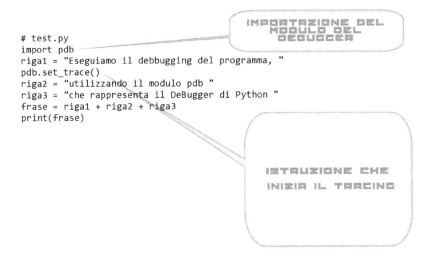

Figura 9.4 – Debugging in Python con pdb.

Analizziamone il contenuto: abbiamo inizialmente importato il modulo del debugger quindi abbiamo scritto una serie di stringhe di testo che poi abbiamo concatenato. Per eseguire il debbugging, abbiamo inserito a partire dal punto in cui vogliamo analizzare il codice in fase di esecuzione, l'istruzione pdb.set_trace() che appunto inizia il tracing.

Quando il programma incontrerà il comando pdb.set_trace() l'esecuzione verrà bloccata, verrà mostrato lo stato di esecuzione e il programma rimarrà in attesa di un comando esterno. Vediamo praticamente cosa accade mandando in esecuzione il codice:

```
c:\python31\script> Python test.py
> c:\python31\script\test.py(5)<module>()
```

```
-> riga2 = "utilizzando il modulo pdb "
(Pdb)
```

Come possiamo vedere il programma si arresta in attesa d'input; allora digitiamo al prompt il carattere "n" e premiamo il tasto INVIO, in questo modo diciamo al debugger di passare all'istruzione successiva e vedremo stampata a video la seguente istruzione:

```
> c:\python31\script\test.py(6)<module>()
-> riga3 = "che rappresenta il DeBugger di Python "
(Pdb)
```

Premendo in successione il carattere "n" potremo procedere fino alla fine del programma.

Esiste la possibilità di eseguire automaticamente l'ultimo comando premendo soltanto INVIO.

```
> c:\python31\script\test.py(7)<module>()
-> frase = riga1 + riga2 + riga3
(Pdb)
> c:\python31\script\test.py(8)<module>()
-> print(frase)
(Pdb)
```

Eseguiamo il debugging del programma, utilizzando il modulo pdb che rappresenta il debugger di Python:

```
--Return--
> c:\python31\script\test.py(8)<module>()->None
-> print(frase)
(Pdb)
```

Per uscire dal processo di debug è sufficiente premere "q". Per stampare il valore delle variabili è sufficiente premere "p" seguito dal nome della variabile che ci interessa.

Qualora volessi conoscere il valore di più variabili è sufficiente separarle da una virgola.

```
(Pdb) print riga1
'Eseguiamo il debugging del programma, '
(Pdb) print riga2
'utilizzando il modulo pdb '
(Pdb) print riga3
```

```
'che rappresenta il DeBugger di Python '
```

DEBUGGING

Figura 9.5 – Debugging del codice.

Quando si preme "q" è provocato il crash del programma, se volessimo continuare l'esecuzione del programma fermando il debug dovremmo utilizzare il comando "c".

Mentre per conoscere la posizione raggiunta nel processo di debug, all'interno del codice, si utilizza il comando "l" che mostrerà lo stralcio di codice intorno al punto in cui ci troviamo.

```
C:\Python31\script>Python test.py
> c:\python31\script\test.py(5)<module>()
-> riga2 = "utilizzando il modulo pdb: "
(Pdb) l
  1     # test.py
  2     import pdb
  3     riga1 = "Eseguiamo il debbugging del programma, "
  4     pdb.set_trace()
  5  -> riga2 = "utilizzando il modulo pdb "
  6     riga3 = "che rappresenta il DeBugger di Python "
  7     frase = riga1 + riga2 + riga3
  8     print(frase)
[EOF]
(Pdb)
```

Nel caso in cui nel programma principale fosse presente una funzione, dovremmo digitare "s" per entrare nel blocco di codice in essa definito e per ritornare all'esecuzione del programma, digiteremmo "r" continuando con il nostro debug.

Vediamo come modificare lo script:

```
# test.py
import pdb

def prova():
  var1="Siamo dentro la funzione"
  print(var1)
  return var1

riga1 = "Eseguiamo il debbugging del programma, "
pdb.set_trace()
riga2 = "utilizzando il modulo pdb "
riga3 = "che rappresenta il DeBugger di Python "
frase = riga1 + riga2 + riga3
print(frase)
prova()
riga4="Siamo di nuovo nel main"
```

A questo punto raggiunta la chiamata alla funzione, digiteremo il carattere s per vedere stampato a video il contenuto della funzione:

```
> c:\python31\script\test.py(15)<module>()
-> prova()
(Pdb) s
--Call--
> c:\python31\script\test.py(4)prova()
-> def prova():
(Pdb)
> c:\python31\script\test.py(5)prova()
-> var1="Siamo dentro la funzione"
(Pdb)
> c:\python31\script\test.py(6)prova()
-> print(var1)
(Pdb)
```

Per avere maggiori informazioni sul modulo pdb, magari per analizzare nel dettaglio l'intera lista dei comandi a nostra disposizione, è possibile consultare l'help della shell di Python (Figura 9.06), oppure la documentazione ufficiale delle librerie di Python.

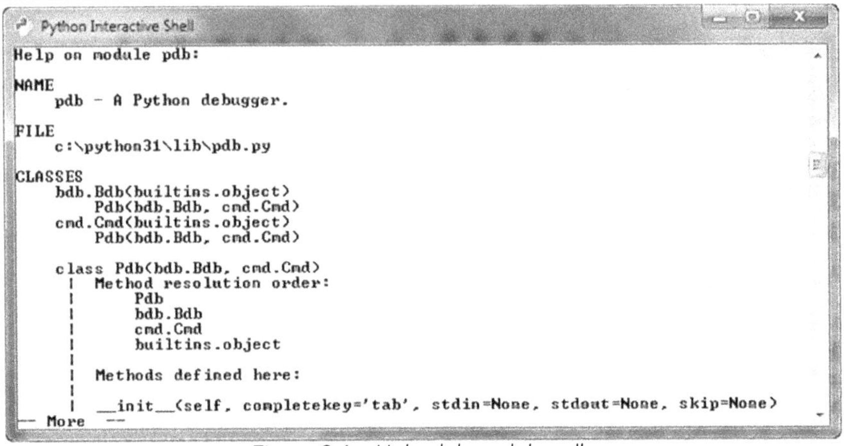

```
Python Interactive Shell                                          □  ○  ✕

Help on module pdb:

NAME
    pdb - A Python debugger.

FILE
    c:\python31\lib\pdb.py

CLASSES
    bdb.Bdb(builtins.object)
        Pdb(bdb.Bdb, cmd.Cmd)
    cmd.Cmd(builtins.object)
        Pdb(bdb.Bdb, cmd.Cmd)

    class Pdb(bdb.Bdb, cmd.Cmd)
     |  Method resolution order:
     |      Pdb
     |      bdb.Bdb
     |      cmd.Cmd
     |      builtins.object
     |
     |  Methods defined here:
     |
     |  __init__(self, completekey='tab', stdin=None, stdout=None, skip=None)
 -- More --
```

Figura 9.6 – Help del modulo pdb.

Capitolo decimo
Creare delle GUI con Python

Il linguaggio Python ci fornisce gli strumenti necessari per creare le cosiddette interfacce grafiche dell'utente (GUI, Graphical User Interface), ossia finestre grafiche in cui è possibile inserire menu, bottoni, testo, grafici ecc. che consentono di manipolare in modo interattivo, con l'utilizzo del mouse e della tastiera, una qualsiasi applicazione realizzata.

A tale proposito, Python ha diversi tools che ci permettono di creare delle finestre del tutto simili a quelle create con linguaggi di programmazione visuali tipo Visual Basic, con le quali la gestione interattiva di un'applicazione diventa intuitiva, semplice ed estremamente veloce.

Una GUI può essere creata per diversi motivi; in ogni caso il suo utilizzo si rende particolarmente utile per introdurre informazioni ausiliarie o per indirizzare il nostro processo in una particolare direzione. È evidente che una costruzione di questo tipo è tipica della programmazione Windows, che com'è noto fa largo uso d'interfacce grafiche proprio per l'utilizzo intuitivo che le contraddistingue.

Infatti, con l'utilizzo di una GUI sarà molto semplice, ad esempio, manipolare un grafico una volta tracciata la curva, senza dover digitare nuovamente i numerosi comandi che ci aiutano nella realizzazione di diagrammi di livello professionale. Una GUI sarà altrettanto utile nel momento in cui il programma richiederà l'impostazione di una serie di parametri, che in tal caso, basterà scegliere nelle opportuni voci del menu; in questo modo l'utente non sarà obbligato a conoscere i comandi del linguaggio che gli permettono di settare le impostazioni.

Quando si realizza una GUI è opportuno sviluppare il progetto secondo le seguenti fasi:
- Progetto dell'aspetto dell'interfaccia. In questa fase ci dedicheremo alla scrittura del codice che determina ciò che l'utente vedrà sullo schermo dell'elaboratore.
- Impostazione del funzionamento dell'interfaccia. A questo punto

ci si soffermerà sulla scrittura del codice che realizzerà i compiti del programma.

- Connessione della parte grafica con il funzionamento. Rappresenta la parte fondamentale dell'intero progetto poiché il codice realizzato in questa fase si occuperà di associare ciò che l'utente vede al codice che è stato scritto per eseguire i compiti del programma.
- Input dell'utente. In quest'ultima fase dovremo scrivere del codice che rimanga in attesa d'ingresso dall'utente.

Il lavoro dell'interfaccia grafica è eseguito dai cosiddetti gestori di eventi (event handlers), che rappresentano le parti di codice nelle quali sono specificate le funzioni che realizzano una particolare azione. Gli eventi sono gli ingressi, come le pressioni dei tasti dei dispositivi di puntamento o della tastiera. Queste parti si chiamano gestori perché gestiscono appunto tali eventi. L'accoppiamento fra un gestore di eventi e un widget si dice collegamento o binding.

Figura 10.1 – Esempio di GUI.

Pacchetti per la creazione di GUI

Nella realizzazione d'interfacce grafiche, per rendere il lavoro del programmatore più semplice, sono stati implementati diversi moduli che permettono di aggiungere a un programma Python finestre con menu e bottoni. È opportuno precisare che la costruzione di un'interfaccia grafica non richiede necessariamente la presenza di un GUI builder, cioè di un costruttore di GUI che permetta la costruzione visuale dell'interfaccia stessa. Visual Studio ad esempio rappresenta un classico esempio di GUI builder: nel suo ambiente la finestra grafica è disegnata visualmente trascinando i widgets, in altre parole tutti i vari elementi dell'interfaccia, buttons, labels ecc. Quindi, in modo del tutto nascosto all'utente, il GUI builder procede in automatico alla creazione del codice che andrà generalmente personalizzato attraverso la manipolazione di opportune proprietà del widgets. In alternativa potremmo creare l'interfaccia grafica direttamente da codice, senza passare per un GUI builder che ha pur sempre dei limiti in quanto a flessibilità e opzioni disponibili.

Detto questo vediamo ora quali sono i pacchetti disponibili per la creazione di GUI, più utilizzati dai programmatori. Iniziamo ovviamente da **Tkinter** che rappresenta la libreria più utilizzata dagli utenti Python, se non fosse altro perché è inclusa come modulo nativo, nella maggior parte delle distribuzioni per i vari sistemi operativi in cui esiste questo linguaggio. Si tratta di un modulo che ci permette di interfacciare Python a X-Windows. Infatti, Tkinter utilizza il linguaggio Tk, impiegato da molti anni in ambiente Unix per sviluppare software in ambiente X-Windows.
Questa libreria deve essere utilizzata da chi intende sviluppare interfacce grafiche multipiattaforma, quindi programmi che devono girare sotto Unix, Linux, Windows e anche sotto Mac.

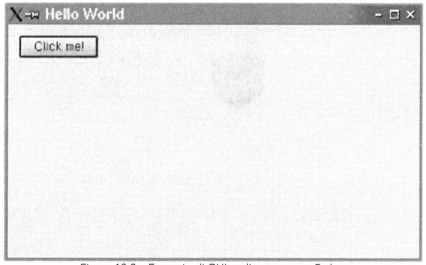

Figura 10.2 – Esempio di GUI realizzata con wxPython

Passiamo poi a descrivere **wxPython** che rappresenta l'interfaccia Python alle classi definite nelle librerie wxWidgets scritte originariamente per il linguaggio C++. La libreria è molto completa e sofisticata, multipiattaforma (Windows, OS x, Linux) e disponibile con licenza LGPL.

D'altra parte presenta una sintassi diversa rispetto a quella prevista da Python che richiede quindi un certo impegno nell'apprendimento. Offre però un'interfaccia molto potente, con numerosissime widgets dall'aspetto molto accattivante e dispone di diversi GUI builder.

PyGTK rappresenta invece l'interfaccia Python alle librerie GTK+, utilizzate da GNOME per il desktop di Linux. Offre pieno supporto a Windows e Linux ma solo parziale per OS x sotto licenza LGPL. Il toolkit si presenta relativamente semplice e naturale ma, forse a causa della limitata documentazione rappresenta la soluzione meno usata tra quelle fin qui viste. Dispone di diversi GUI builder che ne facilitano l'impiego.

Con **PyQT** poi si è realizzata l'interfaccia Python alle librerie QT, creando in questo modo il toolkit più usato dopo Tkinter e wxPython. Realizzata per funzionare in ambiente Linux è in seguito divenuta disponibile anche per Windows e OS X. Si presenta molto ricca ma abbastanza complessa nel suo utilizzo. Disponibile sotto licenza GPL permette la distribuzione di applicazioni solo open source altrimenti deve essere acquistata una licenza commerciale. Anch'essa dispone di diversi GUI builder.

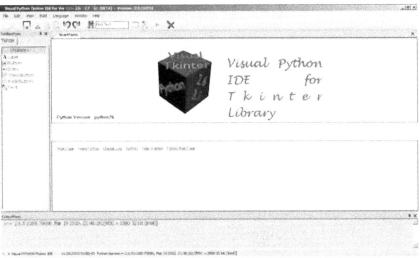

Figura 10.3 –GUI Builder per Tkinter

Infine qualche dettaglio sull'interfaccia **PySide** alle librerie QT. Rappresenta l'ultima arrivata tra i vari toolkit disponibili per Python, supporta le piattaforme Linux, Windows e OS X ed è distribuita con licenza LGPL permettendo dunque anche la distribuzione di applicazione closed source.

Introduzione a Tkinter

La costruzione d'interfacce grafiche non rappresenta un'attività così semplice come a prima vista potrebbe sembrare. Una volta che si sono compresi i concetti di base nel suo utilizzo, l'immediata applicazione degli stessi in un esempio pratico ci aiuterà nel superare i principali o-stacoli che si presenteranno nella costruzione di GUI.

Non tutte le applicazioni Tkinter devono essere necessariamente com-plesse, possiamo ad esempio partire da una semplice finestra di dialo-go realizzata per automatizzare una procedura utilizzata frequentemen-te nel nostro lavoro. Gli strumenti che sono stati utilizzati, per creare importanti applicazioni quali QGis, PythonCAD, PyChem etc., possono essere utilizzati per creare semplici applicazioni che ci guideranno nell'apprendimento delle librerie più utilizzate.

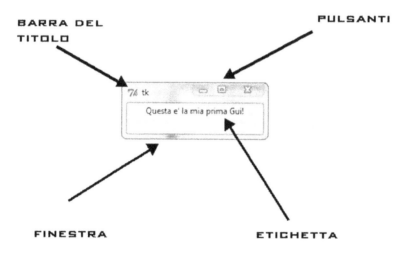

Figura 10.4 –Esempio di GUI realizzata con Tkinter.

La prima cosa da capire è che molti GUI frameworks, tra cui Tkinter, si basano sul concetto di widget. Un widget è un componente di una GUI quali bottoni, etichette e caselle di testo; un widget può scatenare un'e-vento e ad ogni evento associato a un widget è a sua volta associato un metodo che lo gestisce. La maggior parte dei widget hanno delle rap-presentazioni grafiche sullo schermo, ma alcuni widget, come table e boxes, sono stati creati solo per contenere altri widget e disporli in modo corretto sullo schermo, fungono cioè da contenitori. Una GUI è costruita quindi attraverso una sistemazione di widgets sullo schermo.

Le GUI sono di solito strutturate come una gerarchia di widget e altri elementi di controllo. Il frame di più alto livello che coincide con la finestra dell'applicazione contiene al suo interno frame che a loro volta contengono altri frame o elementi di controllo. Tutti questi elementi possono essere visualizzati sotto forma di una struttura ad albero in cui ciascun elemento ha un solo padre e un numero variabile di figli. Tutta questa struttura è memorizzata all'interno dei widget in modo che il programmatore, o più semplicemente lo stesso ambiente GUI, possa applicare un'operazione a un elemento di controllo ed a tutti i suoi figli.

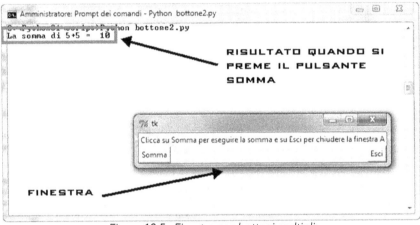

Figura 10.5 –Finestra con bottoni multipli

Per organizzare gli elementi di controllo all'interno di un frame si sfrutta il concetto di layout, secondo il quale l'aspetto grafico dell'interfaccia che si realizza segue un particolare modello di disposizione. La disposizione può essere specificata in tanti modi diversi, ad esempio usando le coordinate dello schermo specificate in numero di pixel, usando la posizione relativa rispetto ad altri componenti, ovvero utilizzando una disposizione a griglia o a tabella. Il sistema basato su coordinate è facile da comprendere tuttavia difficile da utilizzare nel momento in cui a una finestra sono cambiate le dimensioni.

Per meglio comprendere i concetti appena introdotti, vedremo un semplice esempio nel quale si creerà una semplice interfaccia grafica definendo alcuni widget e mettendoli l'uno dentro l'altro.

Lo script di seguito riportato crea una GUI costituita da una semplice finestra con un'etichetta. Nell'etichetta presente nella finestra è visualizzato un messaggio:

```
#PrimaGui
import tkinter
from tkinter import *
widget = Label(None, text='Questa è la mia prima Gui!!')
widget.pack( )
widget.mainloop( )
```

Il risultato lo vediamo nella Figura 10.4 nella quale è possibile notare la finestra che contiene l'etichetta con il messaggio specificato nello script. La finestra può essere agevolmente ridimensionata con l'utilizzo del mouse.

In questo primo semplice esempio ci siamo limitati a creare una finestra e a inserire un semplice messaggio al suo interno. Adesso vediamo come impostare alcune caratteristiche dei widget utilizzati, al fine di personalizzare la nostra finestra e renderla idonea allo specifico compito. Allora creiamo la stessa finestra e la medesima etichetta:

```
import tkinter
from tkinter import *
root = Tk( )
widget = Label(root)
widget.config(text='My first GUI!')
widget.pack(side=TOP, expand=YES, fill=BOTH)
root.mainloop()
```

Rispetto allo script precedente in questo caso abbiamo impostato alcuni parametri del widget.pack, il risultato lo si nota andando a ridimensionare la finestra e verificando che allo stesso tempo è ridimensionata anche l'etichetta. Abbiamo inoltre chiamato il metodo configure per raggiungere lo stesso risultato del precedente esempio.

Nello script che segue, invece inseriremo un pulsante che nel momento in cui è premuto genera la chiusura della finestra:

```
import sys
from tkinter import *
widget = Button(None, text="Cliccami", command=sys.exit)
widget.pack( )
widget.mainloop( )
```

Ma cosa succede se si vuole offrire all'utente qualche opzione diversa dalla semplice uscita dal programma? Per fare questo, dobbiamo aggiungere un secondo widget alla finestra:

```
from tkinter import *

def risultato( ):
  print("La somma di 5+5 e' ",5+5)

finestra = Frame()
finestra.pack( )
  Label(finestra, text="Clicca su Somma per eseguire la somma e su Esci per
chiudere la finestra A").pack(side=TOP)
  Button(finestra, text="Somma", command=risultato).pack(side=LEFT)
  Button(finestra, text="Esci", command=win.quit).pack(side=RIGHT)
  finestra.mainloop( )
```

In questo script (Figura 10.05), sono presenti due bottoni: il bottone Esci che ci permette di chiudere la finestra ed il bottone Somma che chiama la funzione risultato che esegue la somma (5+5) e mostra nella finestra di terminale il risultato.

Widget e contenitori in Tkinter

Abbiamo già definito i widget e i contenitori, vediamoli ora nel dettaglio così da imparare a utilizzarli. Ricordiamo che per widget s'intende una componente della GUI che risulta visibile e che esegue delle azioni. Mentre un contenitore rappresenta solo un involucro, un recipiente, in cui è possibile riporre dei widget.
Tkinter dispone di una serie di contenitori quali:

- Frame: riquadro che contiene altri widget;
- Canvas: area per visualizzare/modificare immagini;
- TopLevel: una finestra separata, che può contenere altri elementi.

Il contenitore più utilizzato è il frame, che è messo a disposizione da Tkinter mediante una classe chiamata Frame. Per descrivere in modo dettagliato il funzionamento di tale classe analizziamo il seguente script:

```
from Tkinter import *

root = Tk()

contenitore1 = Frame(root)
contenitore1.pack()

radice.mainloop()
```

Vediamo il significato di ogni singola istruzione, iniziando col precisare che un'espressione del tipo:

```
Frame(genitore)
```

crea un'istanza della classe `Frame`, quindi praticamente crea un riquadro sullo schermo, e associa tale istanza al suo genitore `parent`, che nella fattispecie abbiamo nominato `genitore`. In poche parole l'espressione aggiunge un riquadro `figlio` alla componente `genitore`. Allora inserendo nello script l'istruzione seguente:

```
contenitore1 = Frame(root)
```

è creato un riquadro il cui genitore è `root` e gli è assegnato il nome `contenitore1`, è quindi creato il contenitore in cui si possono ora collocare dei widget. L'istruzione successiva:

```
contenitore1.pack()
```

Impacchetta, attraverso il metodo `pack` il contenitore `contenitore1`. Ma cosa s'intende con il termine impacchettamento? Si tratta di un processo finalizzato a stabilire una relazione visuale fra una componente GUI e il suo genitore. Se non s'impacchetta, è impossibile presentare a video un componente.

In Tkinter l'impacchettamento avviene attraverso uno dei seguenti gestori di geometria:

- `pack()`: tutti gli oggetti impacchettati nello stesso contenitore da pack sono visualizzati nell'ordine d'impacchettamento e l'interfaccia realizzata risulta della grandezza minima necessaria per contenere i widget;
- `grid()`:tutti gli oggetti sono impacchettati nel contenitore che è organizzato come una tavola bidimensionale suddivisa in righe e colonne;
- `place()`:gli oggetti vengono impacchettati nella finestra nella posizione e con le dimensioni richieste esplicitamente in termini assoluti (pixel) o relativi alle caratteristiche dimensionali della finestra.

Abbiamo già detto che il `Frame` è un contenitore mentre lo spazio al suo interno, detta cavità, presenta delle caratteristiche elastiche tipiche della gomma. Se non si specifica una dimensione minima o massima per il riquadro, la cavità si adatterà a ciò che in esso è contenuto, quindi se all'interno del `Frame` sono riposti dei `widget` allora il riquadro si ridimensionerà in modo da occupare lo spazio strettamente necessario a contenere i `widget`, altrimenti limiterà il suo spazio al minimo indispensabile.

Per evitare questo si può usare il metodo `grid_propagate(0)` nel frame di cui vogliamo specificare le dimensioni, dopo aver appunto indicato tali dimensioni con gli attributi `width` e `height`.

Un frame, come tutti gli altri widget, ha un grande numero di attributi visuali (dimensioni, colori, tipo e dimensione dei bordi, font etc). Per impostare e configurare questi attributi, che sono denominati anche option, ci sono tre modi:

1) si possono specificare nell'operazione di creazione dell'oggetto, cosicché vengono passati automaticamente al costruttore dell'oggetto quando è istanziato;

2) si può usare il metodo configure, solo dopo aver istanziato l'oggetto;

3) si possono impostare manualmente uno per uno accedendo direttamente al dizionario interno dei widget, solo dopo aver istanziato l'oggetto.

Un frame è un oggetto "elastico", nel senso che può estendersi per accettare elementi interni più grandi, ma può anche "collassare" attorno agli oggetti, se vengono inseriti in esso con i metodi di posizionamento pack e grid. Nell'esempio precedente si vedono quattro frames rettangolari di identiche dimensioni (specificate per ciascuno con width e height). Le dimensioni visualizzate sono quelle volute perché i frames non contengono nulla. Provando a inserire un qualsiasi widget al loro interno, e a posizionarlo con i metodi pack o grid, i frames si restringono alle dimensioni del contenuto, e la finestra si restringe eventualmente alle dimensioni residue dei frames.

Dopo aver descritto con il doveroso dettaglio i contenitori previsti da Tkinter passiamo ora ad occuparci dei widget. Di seguito sono elencati i tipi di widget previsti da Tkinter:

- Label: etichetta, è una scritta o un'immagine
- Button: un pulsante
- Entry: area per immissione di caratteri
- Message: messaggio pop-up
- Text: area contenente testo
- RadioButton: pulsanti per effettuare una scelta
- CheckButton: pulsanti on-off
- Listbox: elenco di possibili scelte alternative
- Menu/MenuButton: per costruire menu
- Scale: un indicatore di aspetto simile ad una leva che può assumere diversi valori
- Scrollbar: barra di scorrimento che può essere associata a canvas, entry, listbox e text widget

Due tra i widget più comuni sono le Label, diffusamente utilizzate per rappresentare del testo o delle piccole immagini ed i pulsanti (Button) da cliccare col mouse per attivare una particolare azione.

Entrambi i widget sono stati già utilizzati negli esempi precedenti, mentre nell'esempio che segue, si provvederà a creare una finestra più complessa usando tre frames orizzontali.

```
import tkinter

class Finestra():
    form1 = tkinter.Tk()
    form1.title("Titolo della finestra")
    form1.resizable(False, False)

    frame1 = tkinter.Frame(form1, width="400", height="42",
                           bd="1", relief="ridge")

    frame2 = tkinter.Frame(form1, height="300", bd="1",
                           relief="ridge", bg="white")

    frame3 = tkinter.Frame(form1, height="24",
                           bd="1", relief="ridge")

    bottone1 = tkinter.Button(frame1)
    bottone2 = tkinter.Button(frame1)
    label1 = tkinter.Label(frame3)
    label2 = tkinter.Label(frame2)

    bottone1.configure(text="Bottone1",
                       font=("helvetica",8,"bold"))
    bottone2.configure(text="Bottone2",
                       font=("helvetica",8,"bold"))
    label1.configure(text="Barra di stato",
                     font=("helvetica",8,"bold"))

    immagine1 = tkinter.PhotoImage(file="python.gif")
    label2.configure(image=immagine1, bd=0)

    frame2.grid_propagate(0)

    frame1.grid(row=0, column=0)
    frame2.grid(row=1, column=0, sticky="we")
    frame3.grid(row=2, column=0, sticky="we")

    bottone1.place(x=5, y=5)
    bottone2.place(x=77, y=5)
    label1.place(x=4, y=0)
    label2.grid(row=0, column=0)

    form1.mainloop()

Finestra()
```

Analizziamo il codice nel dettaglio: la prima istruzione importa il modulo Tkinter quindi si provvede a definire una nuova classe di nome Finestra che si occuperà di creare e gestire la finestra. Si passa quindi alla istruzione:

```
form1 = tkinter.Tk()
```

che crea il widget di primo livello nella nostra gerarchia di widget; tutti gli altri widget saranno creati come discendenti di questo. Le due istruzioni successive:

```
form1.title("Titolo della finestra")
form1.resizable(False, False)
```

sono utilizzate per impostare il titolo della finestra che comparirà a video e per fare in modo che la finestra non sia ridimensionabile con il mouse ma rimanga delle dimensioni stabilite dal codice.
Si passa allora a definire i tre frame così come indicato nella Figura 10.6:

```
frame1 = tkinter.Frame(form1, width="400", height="42",
                                bd="1", relief="ridge")

frame2 = tkinter.Frame(form1, height="300", bd="1",
                                relief="ridge", bg="white")

frame3 = tkinter.Frame(form1, height="24",
                                bd="1", relief="ridge")
```

Il primo in alto contiene due pulsanti, che nella relativa dichiarazione è specificato essere figli di frame1, il frame al centro ha il colore di fondo bianco e una label, chiamata label2, che è utilizzata per contenere l'immagine del logo di Python.

A tal proposito è opportuno precisare che nella dichiarazione della label2 è indicato che si tratta di una figlia di frame2, mentre per il suo posizionamento si è utilizzato il gestore di geometria grid.

Mentre per evitare che il frame si ridimensioni attorno alla label, lo stesso è bloccato attraverso l'istruzione seguente:

```
frame2.grid_propagate(0)
```

Inoltre è impostato il bordo a 0 (bd=0) affinchè non venga visualizzato un bordo attorno all'immagine mostrata dalla label2. Infine il frame in basso denominato frame3 (figura 10.6) racchiude solo la label1 destinata a contenere la sola scritta "Barra di stato".

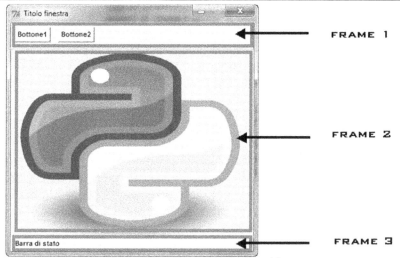

Figura 10.6 –Frame contenuti nel form

Per quanto riguarda il posizionamento degli oggetti all'interno dei frames possiamo dire che i bottoni nel frame1 e la label nel frame3 sono posizionati in modo assoluto, all'interno del contenitore genitore, attraverso il gestore di geometria place:

```
bottone1.place(x=5, y=5)
bottone2.place(x=77, y=5)
label1.place(x=4, y=0)
```

Mentre l'immagine visualizzata dalla label2 nel frame2 appare centrata poiché posizionata con grid, cioè al centro dell'unica cella che abbiamo dichiarato in frame2:

```
label2.grid(row=0, column=0)
```

È importante sottolineare che il gestore di geometria grid si applica riferendosi all'oggetto genitore, così nel nostro esempio accade che la label2 risulta figlia di frame2, così come frame2 risulta figlio di form1, allora grid applicato sulla label2 si riferisce all'area di frame2, mentre grid applicato a frame2 si riferisce all'area di form1, cioè all'intera finestra. L'ultima riga della classe Finestra presenta la chiamata del metodo form1.mainloop che attiva il ciclo di Tkinter generando gli eventi.

Nel codice che abbiamo appena analizzato, si è fatto uso delle opzioni di alcuni metodi; l'uso delle opzioni rappresenta spesso un elemento che genera confusione programmando in ambiente Tkinter, in quanto è necessario comprendere quando occorre mettere gli apici in un valore opzionale e quando invece no. In generale per valori numerici o costituiti da un unico carattere gli apici non sono necessari. Se il valore è un insieme di caratteri alfabetici e numeri o una stringa, allora sono necessari gli apici.

Ordinamento degli oggetti

Dopo aver visto come creare una semplice finestra utilizzando alcuni dei più utilizzati widget, soffermiamoci con una maggiore attenzione su quali strumenti abbiamo a disposizione per disporre gli oggetti nella nostra interfaccia grafica. Abbiamo già imparato a utilizzare i widget `Frame`, `Label` e `Button` ora vedremo quali tecniche ci vengono in soccorso per disporli in modo corretto.

Negli esempi già visti abbiamo usato il metodo `pack` per collocare un widget all'interno del contenitore padre e cioè abbiamo invocato il controllo di disposizione `pack` di Tkinter. Attraverso tale controllo di disposizione è possibile determinare la migliore collocazione per i widget, sulla base delle impostazioni impartite dal programmatore e dalle azioni generate dall'utente.

Alcuni controlli di disposizione richiedono l'esatta posizione all'interno della finestra, di solito specificata in numero di pixel. Questo metodo è molto usato in ambiente Windows e Tkinter include un gestore di disposizione detto `Placer` che utilizza questa modalità mediante il metodo `place`.

Per iniziare analizziamo il più semplice controllo di disposizione di Tkinter: `packer`, che per default, incolonna i widget uno sopra l'altro. Anche se sembra a prima vista, un metodo grossolano d'impacchettamento possiamo facilmente adattarlo alle nostre esigenze utilizzando vari `Frame` e poi collocandoli uno sopra l'altro.

Sarà poi possibile inserire altri widget all'interno dei `frames` utilizzando `packer` o un altro controllo di disposizione più appropriato.

Vediamo allora alcune delle opzioni che abbiamo a disposizione: ad esempio possiamo disporre i widget affiancati orizzontalmente, invece che impilati verticalmente, specificando un argomento `side`, come di seguito riportato:

```
#PrimaGui
import tkinter
from tkinter import *
```

```
widget = Label(None, text="Prima Gui!!")
widget.pack()
widget.mainloop( )
```

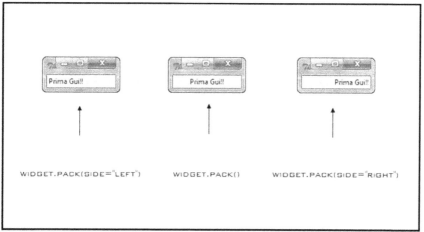

Figura 10.7 – Argomento side del controllo di disposizione.

Attraverso il codice appena visto la stringa di testo è posizionata al centro della finestra, ma possiamo modificare tale impostazione aggiungendo l'argomento side="left" oppure side="right" (figura 10.07):

```
widget.pack(side="left")
```

oppure

```
widget.pack(side="right")
```

Questo impone al widget di disporsi a sinistra/destra nel contenitore padre cui fa riferimento.

Vediamo ora cosa accade se nello stesso contenitore disponiamo due widget e proviamo a ordinarli attraverso l'argomento side:

```
#PrimaGui
import tkinter
from tkinter import *
widget = Label(None, text="Prima Gui!!")
widget2 = Button(None, text="Cliccami", command=sys.exit)
widget.pack(side="left")
widget2.pack(side="right")
widget.mainloop( )
```

Abbiamo inserito i due widget in modo che il primo widget si troverà sul lato sinistro, affiancato da quello successivo. L'aspetto grafico che si ottiene non è particolarmente gradevole perché i widget sono molto ravvicinati (Figura 10.08).

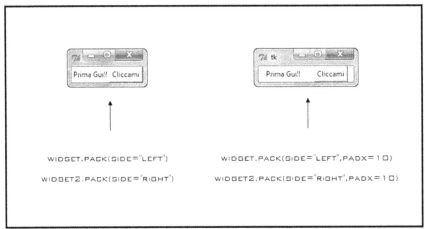

Figura 10.8 – Come affiancare due widget.

Per ovviare a tale inconveniente, il modo più semplice è quello di usare uno spaziatore cui specificheremo lo spazio orizzontale attraverso l'argomento padx e quello verticale attraverso pady.

Occore precisare che i valori previsti da tali argomenti sono espressi in pixel. Vediamo cosa accade al nostro esempio apportando tali modifiche (figura 10.08):

```
#PrimaGui
import tkinter
from tkinter import *
widget = Label(None, text="Prima Gui!!")
widget2 = Button(None, text="Cliccami", command=sys.exit)
widget.pack(side="left",padx=10)
widget2.pack(side="right",padx=10)
widget.mainloop( )
```

Se provate a cambiare dimensione alla finestra, vedrete che i widget manterranno la posizione relativa orizzontalmente, quindi allineati a sinistra e a destra rispettivamente e rimanendo centrati nella finestra verticalmente.

La combinazione degli argomenti side e padx/pady ci consente di avere un notevole grado di flessibilità nella disposizione di widget mediante il controllo di disposizione packer avendo a disposizione numerose altre opzioni (Tabella 10.1).

Tabella 10.1 – Opzioni del metodo pack

Opzione	Azione
side = 'left' | 'right' | 'top' | 'bottom'	Posiziona il widget verso il lato specificato della finestra o del Frame.
fill = 'none' | 'x' | 'y'| 'both'	Il widget riempie il rettangolo di allocazione secondo la direzione specificata.
expand = 1 | 0	Il rettangolo di allocazione si espande sullo spazio rimanente della finestra o del Frame.
anchor = 'n' | 'ne' | 'e' | 'se' | 's' | 'sw' | 'w' | 'nw' | 'center'	Aggancia il widget dentro il rettangolo di allocazione.
after = widgetX	Posiziona il widget dopo widgetX nella lista di pack.
before = widgetX	Posiziona il widget prima di widgetX nella lista di pack.
in = windowX	Posiziona il widget in windowX anzichè dentro il suo ascendente, come predefinito.
ipadx = n	Aumenta la dimensione orizzontale del widget di un fattore n.
ipady = n	Aumenta la dimensione verticale del widget di un fattore n.
padx = n	Aggiunge un riempimento alla destra ed alla sinistra del widget.
pady = n	Aggiunge un riempimento sopra e sotto il widget.

Vediamo ora come ottenere uno specifico layout attraverso l'utilizzo congiunto di `Frame` e `Packer`. Il widget `Frame` ha alcune utili proprietà che ci permettono di creare un effetto di rilievo tridimensionale intorno ai componenti, questo si manifesta particolarmente utile nel caso di utilizzo di pulsanti o di caselle.

Si tratta della proprietà `relief` che presenta i seguenti valori:
- sunken
- raised
- groove
- ridge
- flat

Nel codice riportato di seguito abbiamo provato a usare i differenti valori della proprietà per verificarne le caratteristiche (figura 10.9).

```
import tkinter
from tkinter import *
```

```
finestra = tkinter.Tk()
bottone1 = Tkinter.Button(top, text ="FLAT", relief=FLAT )
bottone2 = Tkinter.Button(top, text ="RAISED", relief=RAISED )
bottone3 = Tkinter.Button(top, text ="SUNKEN", relief=SUNKEN )
bottone4 = Tkinter.Button(top, text ="GROOVE", relief=GROOVE )
bottone5 = Tkinter.Button(top, text ="RIDGE", relief=RIDGE )
bottone1.pack(pady=10)
bottone2.pack(pady=10)
bottone3.pack(pady=10)
bottone4.pack(pady=10)
bottone5.pack(pady=10)
finestra.mainloop()
```

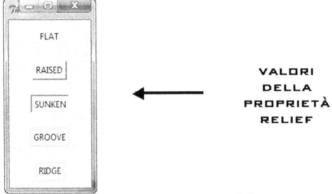

Figura 10.9 – La proprietà relief.

Dall'analisi della figura 10.9 è possibile valutare le specifiche caratteristiche di rilievo tridimensionale, che i valori impostati alla proprietà `relief` generano sui widget creati.

La gestione degli eventi

Negli esempi trattati nei paragrafi precedenti, abbiamo già utilizzato dei widget che possono gestire delle particolari azioni come i pulsanti, in quei casi però ci eravamo preoccupati solo di impostare la corretta visualizzazione. È arrivato il momento di imparare come gestire gli eventi in ambiente Python e cioè come collegare un blocco di codice a un particolare evento scaturito da un'azione eseguita dall'utente.

È opportuno precisare che con il termine collegamento vogliamo indicare un processo di definizione di una connessione usualmente fra i seguenti componenti:
- widget

- tipo di evento
- gestore di eventi

Laddove per gestore di eventi s'intende un metodo o altro segmento di codice il quale gestisce gli eventi al loro avvenire.

Partiamo con l'analizzare nel dettaglio il funzionamento della proprietà command già utilizzata per associare una funzione Python al click dell'utente sul pulsante. In un esempio visto in precedenza, abbiamo scritto:

```
from tkinter import *
def risultato( ):
  print("La somma di 5+5 e' ",5+5)

finestra = Frame()

finestra.pack( )
  Label(finestra, text="Clicca su Somma per eseguire la somma e su Esci per
chiu
                        dere la finestra A").pack(side=TOP)
  Button(finestra, text="Somma", command=risultato).pack(side=LEFT)
  Button(finestra, text="Esci", command=win.quit).pack(side=RIGHT)
  finestra.mainloop( )
```

In questo script (Figura 10.5) sono presenti due pulsanti: il pulsante Esci che ci permette di chiudere la finestra (attivando la funzione win.quit), ed il pulsante Somma che chiama la funzione risultato che esegue la somma 5+5 e mostra nella finestra di terminale il risultato.
Per comprendere meglio tali concetti analizziamo un altro esempio:

```
from tkinter import *
# funzione di gestione dell'evento
def canctesto():
  testo.delete(0,END)

# finestra e frame di primo livello
form = Tk()
finestra = Frame(form)
finestra.pack(expand="true")

# frame di immissione del testo da tastiera
finTesto = Frame(finestra, border="1")
testo = Entry(finTesto)
finTesto.pack(side="top", expand="true")
testo.pack(side="left", expand="true")

# Bottoni per cancellazione testo e uscita
finBottoni = Frame(finestra, relief="sunken", border=1)
botCanc = Button(finBottoni, text="Cancella testo", command=canctesto)
botCanc.pack(side="left", padx=5, pady=2)
botEsci = Button(finBottoni, text="Esci", command=finestra.quit)
```

```
botEsci.pack(side="left", padx=5, pady=2)
finBottoni.pack(side="top", expand="true")

# Attivazione del ciclo degli eventi
finestra.mainloop()
```

Lo script appena visto crea una interfaccia visuale nella quale vengono disposti una casella per l'inserimento di testo e due pulsanti: il primo dei quali cancella il testo immesso e l'altro che chiude la finestra.
La gestione degli eventi è stata demandata alla chiamata della callback canctesto attraverso la proprietà command del widget button.

Nel caso avessimo voluto utilizzare una particolare combinazione di tasti per ottenere lo stesso risultato, allora la proprietà command non ci sarebbe bastata. Per fare ciò potremo utilizzare la funzione bind che lega esplicitamente un evento ad una funzione Python.

Allora specificheremo una combinazione di tasti, ad esempio Control + A, per cancellare il testo inserito nella casella, così come abbiamo fatto nell'esempio precedente utilizzando il pulsante. Per fare ciò è necessario collegare la combinazione di tasti Control + A allo stesso gestore di eventi cui è legato il tasto botCanc visto nello script precedente.

Ma per fare questo non possiamo procedere come fatto finora perché quando si usa la proprietà command la funzione specificata non richiede argomenti, mentre quando si usa la funzione bind per lo stesso scopo la funzione legata richiede un argomento.

Passiamo ora ad applicare le modifiche al nostro codice: iniziamo con il creare una nuova funzione con un argomento che chiama la funzione canctesto, quindi dopo la definizione di canctesto aggiungeremo il seguente blocco d'istruzioni.

```
def combtasti(event):
    canctesto()
```

Mentre dopo la definizione del widget Entry aggiungeremo:

```
testo.bind("<Control-a>",combtasti)
```

In questo modo, la cancellazione del testo avverrà sia premendo il bottone "Cancella testo" sia utilizzando la combinazione di tasti Control + A. Da notare che nella definizione del tasto occorre rispettare maiuscole e minuscole altrimenti premendolo, la combinazione non risulterà correttamente interpretata da Python.

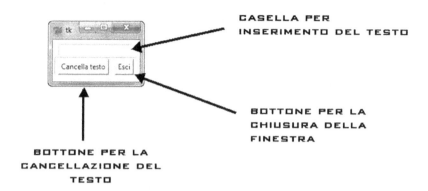

Figura 10.10 – Gestione degli eventi.

Da quanto detto finora abbiamo compreso che un'applicazione Tkinter passa la maggior parte del suo tempo all'interno di un ciclo di eventi, inseriti tramite il metodo `mainloop`.

Tali eventi possono provenire da varie fonti, tra cui le pressioni di tasti e le azioni eseguite sul mouse da parte dell'utente. Tkinter fornisce un potente meccanismo che consente di far fronte a tali eventi. Per ciascun widget, è possibile associare funzioni e metodi per eventi Python attraverso la seguente istruzione:

```
widget.bind (event, handler)
```

Se un evento, che corrispondeva alla descrizione `event`, si verifica nel widget, il gestore individuato dal campo `handler` è chiamato con un oggetto che descrive l'evento. Nel caso appena visto la combinazione di tasti `Control` + `A` effettuava la chiamata alla funzione `comtasti` che era stata specificata quale `handler` dell'evento.

Il widget Menu

Nelle applicazioni che utilizziamo tutti i giorni, siamo abituati ad adoperare delle finestre che ci mettono a disposizione i classici menu a tendina, dai quali scegliere il comando che ci occorre. La barra dei menu è parte integrante di un'applicazione grafica, specie in quelle del tipo desktop; la caratteristica essenziale di questo strumento è la possibilità di accedere, in uno spazio molto ridotto, ad un insieme vasto di funzioni che un'applicazione mette a disposizione.

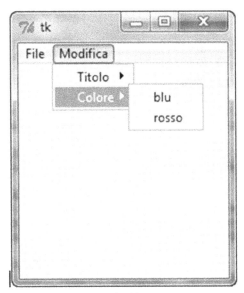

Figura 10.11 – Barra dei Menu con sottomenu.

Elementi essenziali di una barra dei menu sono il bottone del menu, che appare sempre sulla barra e che identifica il gruppo dei comandi e il menu vero e proprio che invece contiene la lista delle scelte disponibili e che appare sulla finestra solo dopo che l'utente fa clic sul bottone relativo.
Per selezionare una scelta, l'utente potrà trascinare il mouse dal bottone del menu lungo una delle liste o in alternativa, potrà fare clic e rilasciare il bottone del menu: in tal caso le scelte appariranno sulla finestra fino a quando l'utente non eseguirà la scelta.

In Python i menu sono realizzati predisponendo una barra agganciata alla finestra principale, nella quale vengono inserite le voci principali attraverso l'impiego del metodo `.add_cascade` che rappresenterà quindi il menu specifico, al quale appartengono le voci che possono essere effettivamente scelte attraverso il metodo `.add_command`.

Iniziamo implementando una semplice barra dei menu, con due soli menu e con la presenza di alcuni sottomenu; vediamo il codice:

```
from tkinter import *
```

```
root = Tk()
def bartitolo(selez):
    root.title(selez)

def barcolore(selez):
    root.tk_setPalette(selez)

menu1 = Menu(root)
mFile = Menu(menu1, tearoff=0)
menu1.add_cascade(label="File", menu=mFile)
mFile.add_command(label="Esci", command=root.quit)

mMod = Menu(menu1, tearoff=0)
menu1.add_cascade(label="Modifica", menu=mMod)

mDim = Menu(mMod, tearoff=0)
mMod.add_cascade(label="Titolo", menu=mDim)
mDim.add_command(label="Luigi", command=lambda : bartitolo('Luigi'))
mDim.add_command(label="Simone", command=lambda : bartitolo('Simone'))

mColore = Menu(mMod, tearoff=0)
mMod.add_cascade(label="Colore", menu=mColore)
mColore.add_command(label="blu", command=lambda : barcolore('blue'))
mColore.add_command(label="rosso", command=lambda : barcolore('red'))

root.config(menu=menu1)

root.mainloop()
```

Analizziamo nel dettaglio il codice appena riportato: in esso è possibile individuare la definizione dei due menu `mFile` (menu File) e `mMod` (menu Modifica), che sono stati aggiunti attraverso l'utilizzo del metodo `.add_cascade`:

```
menu1.add_cascade(label="File", menu=mFile)
```

mentre le possibili scelte del menu sono state aggiunte con l'impiego del metodo `.add_commad`:

```
mFile.add_command(label="Esci", command=root.quit)
```

Nella fattispecie, si tratta del comando che ci permette di chiudere la finestra (`command=root.quit`). Possiamo vedere il risultato nella Figura 10.11, in essa è possibile verificare la presenza dei due menu (File, `Modifica`), e nel menu `Modifica` la presenza di due sottomenu (`Figura` e `Colore`). Vediamo ora cosa accade andando a cliccare sui comandi presenti nei due sottomenu del menu `Modifica`. Il sottomenu `Titolo` ci permette di modificare l'etichetta presente nella barra del titolo della finestra, che inizialmente è `tk` mentre scegliendo le due opzioni disponibili diventa

`Luigi` o `Simone` (Figura 10.12).

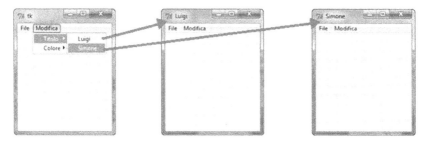

Figura 10.12 – Scelte del sottomenu Titolo.

L'azione è invocata dall'istruzione seguente:

```
command=lambda : bartitolo('Luigi')
```

che fa uso di una funzione `lambda`. Le funzioni `lambda` rappresentano delle funzioni che prendono qualunque numero di argomenti (inclusi quelli opzionali) e ritornano il valore di una singola espressione, rappresentano cioè un modo sintetico di definizione di una funzione.
In particolare in questo caso è richiamata la funzione `bartitolo` con l'opzione `Luigi` (`Simone`) che diventa la nuova etichetta della barra del titolo della finestra corrente.
Il sottomenu `Colore` invece, ci permette di modificare il colore dell'area di lavoro della finestra, avendo a disposizione due opzioni (`blu` e `rosso`); anche in tal caso l'azione è invocata dall'istruzione:

```
command=lambda : barcolore('blue')
```

che richiama a sua volta la funzione `barcolore` con l'opzione `Blu` (`Rosso`) che modifica il colore di fondo dell'area di lavoro della finestra corrente.

All'interno della definizione di ogni sottomenu, compare il parametro `tearoff` che ci permette di rendere i sottomenu flottanti. Come impostazione predefinita il parametro `tearoff` è pari ad `1`, cioè i sottomenu sono flottanti. Ci si accorge di questo fatto dalla presenza di un segmento tratteggiato nel punto in cui avviene il distacco. L'opzione `tearoff=0` consente invece di rendere fissi i sottomenu.

Nel caso avessimo lasciato il valore di default avremmo ottenuto un menu flottante come riportato nella figura 10.13.

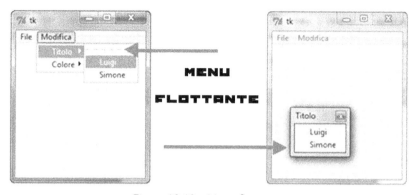

Figura 10.13 – Menu flottante.

Il widget Canvas

Una delle caratteristiche essenziali delle GUI, è quella della visualizzazione di immagini che forniscono un valido aiuto all'utente. Il widget canvas costituisce la tela base su cui disegnare e visualizzare degli oggetti grafici quali linee , cerchi , immagini e anche altri widget. Con questo widget è possibile disegnare grafici e diagrammi, creare editor grafici, e attuare vari tipi di widget personalizzati.

Iniziamo a trattare quest'argomento con un semplice esempio: come disegnare una linea. Per fare questo utilizzeremo il metodo create_line(coords, options) che è utilizzato appunto per disegnare una linea retta. Le coordinate contenute nel parametro coords devono essere indicate con quattro numeri interi: x1, y1, x2, y2. Ciò significa che la linea sarà tracciata dal punto di coordinate (x1, y1) fino al punto di coordinate (x2, y2).

Nell'utilizzo del metodo oltre alle coordinate possono essere specificati ulteriori parametri aggiuntivi, separati da quest'ultime attraverso delle virgole; tali parametri sono però opzionali. Potremo allora impostare il colore della linea, semplicemente specificandolo attraverso il suo codice esadecimale.

Allora procediamo, come detto, creando una tela e disegnando in essa una linea retta orizzontale. Questa linea taglierà in orizzontale la tela dividendo la finestra in due aree.

Figura 10.14 –Il widget Canvas.

Di seguito è riportato il codice del nostro primo semplice script:

```
from tkinter import *
master = Tk()

canvas_width = 80
canvas_height = 80
w = Canvas(master,
            width=canvas_width,
            height=canvas_height)
w.pack()

y = int(canvas_height / 2)
w.create_line(0, y, canvas_width, y, fill="#476042")

mainloop()
```

In questo modo otterremo la finestra mostrata nella Figura 10.14. Per creare nel nostro riquadro dei rettangoli potremo utilizzare il metodo `.create_rectangle(coords, options)`. Anche in questo caso il parametro `coords` contiene due punti, ma questa volta il primo individua il punto in alto a sinistra e il secondo punto quello in basso a destra del rettangolo che vogliamo rappresentare.

Analizziamo allora il codice seguente:

```
from tkinter import *

master = Tk()

w = Canvas(master, width=300, height=200)
w.pack()

w.create_rectangle(50, 50, 250, 150, fill="blue")
w.create_rectangle(100, 80, 200, 120, fill="yellow")
w.create_line(0, 0, 50, 50, fill="#000000", width=4)
w.create_line(0, 200, 50, 150, fill="#000000", width=4)
w.create_line(250,50, 300, 0, fill="#000000", width=4)
```

```
w.create_line(250, 150, 300, 200, fill="#000000", width=4)

mainloop()
```

Che produrrà la finestra contenuta nella Figura 10.15, in essa si è provveduto a riportare le coordiante dei punti significativi della costruzione, per meglio comprendere il sistema di rappresentazione geometrico di Tkinther. Nella gui abbiamo tracciato due rettangoli di colori rispettivamente blu e giallo e quattro linee.

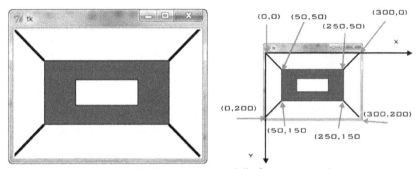

Figura 10.15 –Come tracciare delle figure in una GUI

Vediamo ora come aggiungere del testo al riquadro che abbiamo imparato a gestire, per fare questo partiremo dall'esempio precedente e utilizzeremo a tal proposito il metodo `create_text ()`, che può essere applicato ad un oggetto canvas per inserire appunto del testo su di esso.

Dapprima dobbiamo individuare la posizione dalla quale sarà aggiunto l'oggetto `testo`, lo faremo utilizzando il parametro `coordinate`, nel modo che già abbiamo imparato a manipolare. Per impostazione predefinita, il testo è incentrato su questa posizione, ma è possibile sostituire tale scelta con l'opzione di ancoraggio.

Ad esempio, se la coordinata deve indicare l'angolo superiore sinistro, imposteremo allora il parametro con il valore NW. Con la parola chiave `text` imposteremo il testo effettivo da visualizzare nel riquadro.

Vediamo il codice:

```
from tkinter import *

canvas_width = 300
canvas_height = 200
```

```
    colours = ("blue", "yellow")
    box=[]

    for ratio in ( 0.2, 0.35 ):
        box.append( (canvas_width * ratio,
                     canvas_height * ratio,
                     canvas_width * (1 - ratio),
                     canvas_height * (1 - ratio) ) )

    master = Tk()

    w = Canvas(master,
               width=canvas_width,
               height=canvas_height)

    w.pack()

    for i in range(2):
        w.create_rectangle(box[i][0],                box[i][1],box[i][2],box[i][3],
fill=colours[i])

    w.create_line(0, 0,                   # origine del riquadro
                  box[0][0], box[0][1], # coordinate angolo in alto a sinistra
del box[0]
                  fill=colours[0],
                  width=3)

    w.create_line(0, canvas_height,       # angolo in basso a sinistra del riqua-
dro
                  box[0][0], box[0][3], # angolo in basso a sinistra del box[0]
                  fill=colours[0],
                  width=3)
    w.create_line(box[0][2],box[0][1],  # angolo in alto a destra del box[0]
                  canvas_width, 0,        # angolo in alto a destra del riquadro
                  fill=colours[0],
                  width=3)
    w.create_line(box[0][2], box[0][3], # angolo in basso a destra del box[0]
                  canvas_width, canvas_height, # angolo in basso a destra del
riquadro
                  fill=colours[0], width=3)

    w.create_text(canvas_width / 2,
                  canvas_height / 2,
                  text="Ciaburro")

    mainloop()
```

Se si vuole tracciare un poligono, è necessario fornire almeno le coordinate di tre punti attraverso la seguente sintassi:

```
    create_polygon (x0, y0, x1, y1, x2, y2, ...)
```

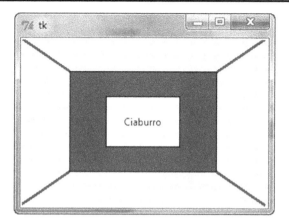

Figura 10.16 –Come visualizzare del testo in una GUI

Nell'esempio che segue, disegniamo un triangolo attraverso l'utilizzo del metodo appena introdotto:

```
from tkinter import *

canvas_width = 300
canvas_height =200
colore_ contorno = "#000000"

master = Tk()

w = Canvas(master,
           width=canvas_width,
           height=canvas_height)
w.pack()

points = [0,0,canvas_width,canvas_height/2, 0, canvas_height]
w.create_polygon(points, outline=colore_contorno,
           fill='yellow', width=3)

mainloop()
```

Nell'utilizzo del metodo abbiamo sfruttato alcuni parametri, analizziamone il significato: attraverso il parametro `points` abbiamo specificato gli estremi del poligon (nel nostro caso del triangolo), con `outline=colore_contorno` abbiamo impostato il colore del contorno del nostro poligono (di default è nero), mentre con il parametro `fill='yellow'` abbiamo impostato il colore dell'area all'interno del poligono, infine con `width=3` abbiamo specificato lo spessore del contorno.

Il risultato è riportato nella Figura 10.17.

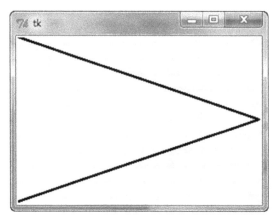

Figura 10.17 –Come tracciare un poligono in una GUI.

Vediamo ora un altro interessante metodo del widget canvas, in particolare il metodo create_image (X0, Y0, options ...) che è utilizzato per disegnare un'immagine su un riquadro.
È opportuno precisare che il metodo create_image non accetta direttamente un'immagine; per ovviare a tale inconveniente si utilizza un oggetto già creato dal metodo PhotoImage ().

La classe PhotoImage è però in grado di leggere solo immagini di tipo GIF
e PGM / PPM. Vediamo ancora una volta un semplice esempio:

```
from tkinter import *

canvas_width = 300
canvas_height =200

master = Tk()

canvas = Canvas(master,
            width=canvas_width,
            height=canvas_height)
canvas.pack()

img = PhotoImage(file="curva.gif")
canvas.create_image(0,0, anchor=NW, image=img)

mainloop()
```

Nel codice appena visto abbiamo dapprima definito le dimensioni del
riquadro attraverso le variabili canvas_width e canvas_height che saranno poi
utilizzate dal comando Canvas, quindi abbiamo utlizzato il metodo PhotoI-
mage per importare l'immagine ed infine abbiamo utilizzato il metodo
create_image(0,0, anchor=NW, image=img) per inserire, nel riquadro creato

l'immagine avendo cura di definire la posizione in cui attaccarla (`0,0`) e il parametor di ancoraggio (`anchor=NW`).

Il risultato è riportato nella Figura 10.18.

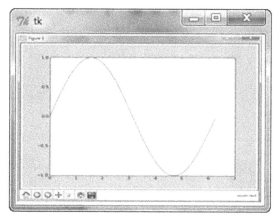

Figura 10.18 –Come visualizzare un'immagine in una GUI.

Capitolo undicesimo
Database

Un database rappresenta un archivio di dati, in cui le informazioni sono memorizzate secondo una specifica struttura e collegate tra loro attraverso un determinato modello logico, che può essere del tipo relazionale, gerarchico, reticolare o a oggetti. Tale modello consente allora una gestione efficace dei dati stessi, e garantisce un'interfaccia per l'esecuzione delle richieste effettuate da parte dell'utente, attraverso i cosiddetti query language. Python, come tutti i linguaggi di programmazione, consente una semplice gestione dei più diffusi software per la gestione di database.

Il database manager SQlite3

Come abbiamo potuto verificare, nel capitolo in cui ci siamo occupati dell'installazione del software necessario per programmare con Ruby, ci interesseremo della gestione di un database con l'utilizzo del software **SQlite3**.

SQLite3 rappresenta una libreria software scritta in linguaggio C, che implementa un DBMS (Database Management System) in linguaggio SQL (Structured Query Language) incorporabile all'interno di applicazioni.

Per utilizzare SQLite3 nel codice Python dovremo includere il modulo di gestione dei database attraverso la seguente istruzione:

```
import sqlite3
```

Verifichiamo allora la versione del database installata sul nostro computer attraverso i seguenti comandi:

```
>>> sqlite3.version
'2.4.1'
```

Per la connessione ad un database utilizzeremo il seguente codice:

```
db = sqlite3.connect('test.db')
```

Se il database non esiste verrà creato ed alla fine verrà restituito un oggetto database.

Ricordiamo poi, che dopo aver utilizzato il database, è necessario chiuderlo per interrompere il flusso di informazioni che si è stabilito, in modo da liberare il file e renderlo disponibile per altre interazioni. Per fare questo scriveremo:

```
db.close
```

Esaminiamo allora un primo script che ci consentirà di visualizzare la versione di SQlite3 installata sul nostro computer.

L'analisi dello script ci permetterà di comprendere le procedure che Python adotta per la connessione ad un database, il recupero delle informazioni ed il rilevamento di eventuali errori.

```
#!/usr/bin/python
# -*- coding: utf-8 -*-

import sqlite3
import sys

db = None

try:
    db = sqlite3.connect('test.db')

    cur = db.cursor()
    cur.execute('SELECT SQLITE_VERSION()')

    data = cur.fetchone()

    print "SQLite version: %s" % data

except lite.Error, e:

    print "Error %s:" % e.args[0]
    sys.exit(1)

finally:

    if db:
        db.close()
```

Analizziamo nel dettaglio lo script: dapprima importiamo il modulo sqlite3 che contiene i metodi per stabilire la connessione con il database.

```
import sqlite3
```

Quindi inizializziamo la variabile db con il valore None. Questo in quanto nel caso in cui non fossimo riusciti a creare una connessione al database (ad esempio perché il disco è pieno), non avremmo una variabile di connessione definita. Questo porterebbe ad un errore nella clausola finally.

```
db = None
```

Passiamo allora a stabilire la connessione con il database: tale operazione è effettuata attraverso l'istruzione seguente:

```
db = sqlite3.connect('test.db')
```

Il metodo connect () restituisce un oggetto connessione. Passiamo allora a ricavare dalla connessione un oggetto cursore che ci permetterà di attraversare tutti i record del set di risultati. Chiamiamo il metodo execute () del cursore che ci consente di eseguire l'istruzione SQL.

```
cur = db.cursor()
cur.execute('SELECT SQLITE_VERSION()')
```

Passiamo ora a recuperare i dati. Dal momento che recuperiamo un solo record, chiamiamo il metodo fetchone():

```
data = cur.fetchone()
```

Infine stampiamo alla console, i dati che abbiamo recuperato:

```
print "SQLite version: %s" % data
```

In caso di un'eccezione, stampiamo un messaggio di errore e di uscita dallo script con un codice di errore 1.

```
except lite.Error, e:
    print "Error %s:" % e.args[0]
```

```
        sys.exit(1)
```

Nella fase finale dello script, liberiamo le risorse:

```
finally:

    if db:
        db.close()
```

Costruzione di un database

In un database i dati vengono suddivisi per argomenti in apposite tabelle, e poi tali argomenti vengono suddivisi per categorie (campi). Tale suddivisione e funzionalità, rende i database notevolmente più efficienti rispetto ad un archivio di dati creato ad esempio tramite file system di un sistema operativo almeno per la gestione di dati complessi.

Per la costruzione del database possiamo utilizzare tutti i comandi previsti dal linguaggio SQL. Ad esempio, per creare una tabella, utilizzeremo il comando create table, seguito dal nome della tabella, e quindi dal nome e tipo di ogni colonna, tutto questo tra parentesi; ad esempio potremo scrivere:

```
#!/usr/bin/python

import sqlite3

db = sqlite3.connect('test.db')
print "Apertura database avvenuta con successo";

db.execute('''CREATE TABLE RUBRICA
        (ID INT PRIMARY KEY      NOT NULL,
        COGNOME         TEXT     NOT NULL,
        NOME            TEXT     NOT NULL,
        TELEFONO        TEXT     NOT NULL);''')
print "Tabella creata con successo";

db.close()
```

Una volta eseguito, il programma appena visto, creerà una tabella dal nome RUBRICA nel database test.db e verranno visualizzati i seguenti messaggi sul prompt:

```
Apertura database avvenuta con successo
Tabella creata con successo
```

Vediamo ora come popolare la tabella che abbiamo appena creato nel nostro database: per meglio comprendere le istruzioni appena introdotte, analizziamo nel dettaglio il codice, di seguito riportato, che crea una tabella RUBRICA ed inserisce in essa una serie di record.

```
#!/usr/bin/python

import sqlite3

db = sqlite3.connect('test.db')
print "Apertura database avvenuta con successo";

db.execute("INSERT INTO RUBRICA (ID,COGNOME,NOME,TELEFONO) \
    VALUES (1, 'Rossi', Giulio','0823555555')");

db.execute("INSERT INTO RUBRICA (ID,COGNOME,NOME,TELEFONO) \
    VALUES (2, 'Bianchi', 'Rosa', '0823555555')");

conn.execute("INSERT INTO RUBRICA (ID,COGNOME,NOME,TELEFONO) \
    VALUES (3,'Verdi','Giuseppe', '0824555555')");

conn.execute("INSERT INTO RUBRICA (ID,COGNOME,NOME,TELEFONO) \
    VALUES (4, 'Neri', 'Marco', '0825555555')");

db.commit()
print "Records creati con successo";
db.close()
```

Analizziamo allora riga per riga il codice appena proposto: come sempre creiamo un nuovo oggetto database e stabiliamo la connessione con il database 'test.db'. Tutto questo con la seguente istruzione:

```
db = sqlite3.connect('test.db')
```

Creiamo quindi la tabella di nome 'Rubrica', nell'ipotesi in cui non esista già, composta da tre campi: Cognome, Nome, Telefono del tipo testo. Le successive linee inseriscono quattro nuovi record nella tabella. Si noti che è stato chiamato il metodo commit(), al fine di rendere tutte le modifiche apportate alla tabella immediatamente efficaci.

```
db.execute("INSERT INTO RUBRICA (ID,COGNOME,NOME,TELEFONO) \
    VALUES (1, 'Rossi', Giulio','0823555555')");

db.execute("INSERT INTO COMPANY (ID,COGNOME,NOME,TELEFONO) \
    VALUES (2, 'Bianchi', 'Rosa', '0823555555')");

conn.execute("INSERT INTO COMPANY (ID,COGNOME,NOME,TELEFONO) \
    VALUES (3,'Verdi','Giuseppe', '0824555555')");

conn.execute("INSERT INTO COMPANY (ID,COGNOME,NOME,TELEFONO) \
```

```
VALUES (4, 'Neri', 'Marco', '0825555555')");
```

Infine ancora una volta chiudiamo il database per renderlo nuovamente disponibile da parte di altre applicazioni:

```
db.close()
```

Dopo aver creato e popolato la tabella Rubrica del database, vediamo ora di verificare la corretta esecuzione del codice; stamperemo quindi a video il contenuto della tabella.

Figura 11.1 – Sito ufficiale di SQlite3.

Per fare questo, abbiamo bisogno della command-line shell di sqlite3, cioè di un tool da linea di comando per accedere e modificare un database sqlite3. Possiamo scaricarlo dal sito ufficiale (Figura 11.1):

```
http://www.sqlite.org/download.html
```

Fatto questo basterà cliccare sull'eseguibile per avere a disposizione una finestra con il prompt dei comandi, nella quale scriveremo:

```
>sqlite3 database.db
SQLite version 3.8.7.1 2014-10-29 13:59:56
Enter ".help" for usage hints.
```

Potremo interrogare così il database a cui abbiamo avuto accesso, ad esempio stampando a video tutte le tabelle presenti:

```
sqlite> .tables
Rubrica
```

Mentre per visualizzare il contenuto della tabella Rubrica ci converrà modificare il modo in cui i dati vengono visualizzati nella console.

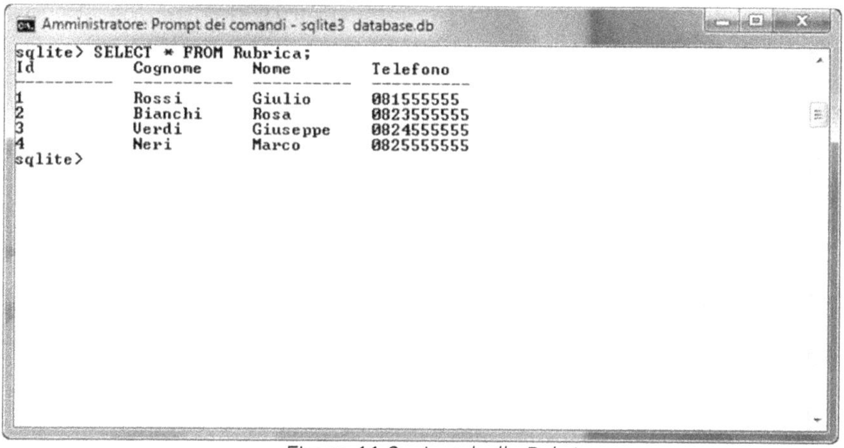

Figura 11.2 – La tabella Rubrica.

Utilizzeremo, a tal proposito, la modalità colonna e faremo visualizzare le intestazioni dei campi:

```
sqlite> .mode column
sqlite> .headers on
```

Quindi attraverso istruzioni SQL visualizzeremo il contenuto della tabella Rubrica:

```
sqlite> SELECT * FROM Rubrica;
```

Il risultato è riportato nella Figura 11.2.

Recupero dei dati

Le potenzialità di un database risiedono proprio nell'estrema capacità di recupero di informazioni da una base di dati. Tali dati vengono recuperati dal database con l'istruzione SELECT; presente nel modulo sqlite di

Python. Ciò avviene con la chiamata al metodo execute(). Tale metodo esegue la query nel database, in questo modo i dati vengono recuperati.

La stringa sql contenente l'istruzione select, è inviata al motore del database, che controlla la dichiarazione di validità, la sintassi e in alcuni database anche le autorizzazioni utente necessarie per eseguire determinate query. Se tutto va bene, un oggetto di dichiarazione è restituito allo script Python.

Il modulo di Python 'sqlite3', ha diversi metodi per recuperare i dati dalle tabelle presenti in un database. Dopo aver preparato ed eseguito l'istruzione SQL, saremo in grado di utilizzare i dati restituiti. Vediamo allora un semplice script, che ci consente di recuperare dei record di dati dalla tabella Rubrica, presente nel database che abbiamo creato nel capitolo precedente.

```
#!/usr/bin/python

import sqlite3

db = sqlite3.connect('test.db')
print " Apertura database avvenuta con successo ";

cur = db.execute("SELECT ID,COGNOME,NOME,TELEFONO from RUBRICA")
for row in cur:
    print "ID = ", row[0]
    print "COGNOME = ", row[1]
    print " NOME = ", row[2]
    print " TELEFONO = ", row[3], "\n"

print "Operazione avvenuta con successo ";
db.close()
```

Come sempre, analizziamo nel dettaglio riga per riga, il codice appena proposto. Ancora una volta, dopo aver importato il modulo 'sqlite3' ci occupiamo di stabilire la connessione con il database 'test.db':

```
db = sqlite3.connect('test.db')
```

Prepariamo allora un'istruzione SQL per l'esecuzione con il metodo execute(); in questo modo il metodo restituirà un set di risultati. A questo punto l'istruzione SQL è eseguita e restituisce, come detto, un set di risultati:

```
cur = db.execute("SELECT ID,COGNOME,NOME,TELEFONO from RUBRICA")
```

In seguito con un ciclo `for` attraversiamo i dati restituiti nel set di risultati; in ogni ciclo, è restituita una riga, che rappresenta un array di campi. Questi campi sono uniti con uno spazio vuoto, per formare una linea:

```
for row in cur:
    print "ID = ", row[0]
    print "COGNOME = ", row[1]
    print " NOME = ", row[2]
    print " TELEFONO = ", row[3], "\n"
```

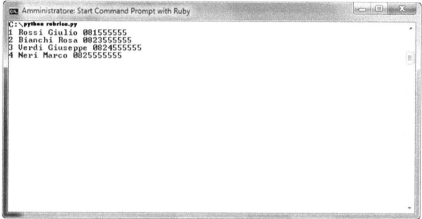

Figura 11.3 – Recupero dei dati da una tabella.

La parte restante del codice è inserita per stampare una riga di verifica della bontà dell'operazione, ed infine ci preoccupiamo di chiudere il database:

```
print "Operazione avvenuta con successo ";
db.close()
```

Il risultato è riportato nella Figura 11.3.

La soluzione che abbiamo analizzato, nelle righe precedenti, ci consente di recuperare tutti i record presenti nella tabella specificata.

Vediamo ora come recuperare l'id dell'ultima riga inserita. Per fare questo in ambiente Python SQLite, si usa l'attributo `lastrowid` dell'oggetto `cursore`. Analizziamo a tal proposito il seguente script:

```
#!/usr/bin/python
# -*- coding: utf-8 -*-

import sqlite3
import sys
```

```
db = sqlite3.connect('test.db')

with con:

    cur = db.cursor()
    cur.execute("CREATE TABLE Parenti(Id INTEGER PRIMARY KEY, Nome TEXT);")
    cur.execute("INSERT INTO Parenti(Nome) VALUES ('Giuseppe');")
    cur.execute("INSERT INTO Parenti(Nome) VALUES ('Tiziana');")
    cur.execute("INSERT INTO Parenti(Nome) VALUES ('Luigi');")
    cur.execute("INSERT INTO Parenti(Nome) VALUES ('Simone');")

    nid = cur.lastrowid
    print ("Id ultima riga inserita %d" % nid)
```

Esaminiamo nel dettaglio il codice appena proposto: partendo dalla riga di creazione della tabella Parenti:

```
cur.execute("CREATE TABLE Parenti(Id INTEGER PRIMARY KEY, Nome TEXT);")
```

In SQLite, la colonna INTEGER PRIMARY KEY si auto incrementa man mano che sono inseriti nuovi record, quindi non ci dovremo preoccupare di tale campo che, com'è noto, rappresenterà la chiave primaria necessaria per individuare univocamente un singolo record della tabella.

Passiamo quindi all'inserimento dei record nella tabella:

```
cur.execute("INSERT INTO Parenti(Nome) VALUES ('Giuseppe');")
cur.execute("INSERT INTO Parenti(Nome) VALUES ('Tiziana');")
cur.execute("INSERT INTO Parenti(Nome) VALUES ('Luigi');")
cur.execute("INSERT INTO Parenti(Nome) VALUES ('Simone');")
```

Recuperiamo l'id dell'ultimo record inserito applicando l'attributo lastrowid e ponendo il risultato nella variabile nid per poterlo utilizzare successivamente per la stampa a video:

```
nid = cur.lastrowid
print ("Id ultima riga inserita %d" % nid)
```

Finora, negli esempi analizzati, abbiamo utilizzato il cursore predefinito che restituisce i dati in una tupla di tuple. Quando usiamo un cursore dizionario, i dati sono inviati in forma di dizionari Python. In questo modo si può fare riferimento ai dati con i loro nomi di colonna (campi):

```
#!/usr/bin/python
# -*- coding: utf-8 -*-
```

```
import sqlite3

con = sqlite3.connect('test.db')

with con:

    con.row_factory = sqlite3.Row

    cur = con.cursor()
    cur.execute("SELECT * FROM Parenti")

    rows = cur.fetchall()

    for row in rows:
        print "%s %s %s" % (row["Id"], row["Nome"])
```

In questo esempio, è stampato a video il contenuto della tabella Paren-ti, già introdotta nell'esempio precedente, utilizzando il cursore diziona-rio. La seguente riga di codice seleziona il cursore dizionario:

```
con.row_factory = sqlite3.Row
```

In questo modo i dati contenuti nella tabella potranno essere individua-ti attraverso l'indicazione del nome del campo:

```
for row in rows:
        print "%s %s %s" % (row["Id"], row["Nome"])
```

Aggiornamento ed eliminazione dei dati

La capacità di aggiornare i record in un database rappresenta la chiave di successo per mantenere i nostri dati accurati nel tempo. Se non è possibile aggiornare tali dati, essi saranno destinati a divenire ben pre-sto superati e inutili. Affrontiamo quindi il problema dell'aggiornamen-to di un database, lo faremo come sempre facedoci aiutare da un'esempio, in particolare faremo sempre riferimento alla tabella RUBRICA che abbiamo utilizzato negli esempi precedenti:

```
#!/usr/bin/python

import sqlite3

db = sqlite3.connect('test.db')
print " Apertura database avvenuta con successo ";

db.execute("UPDATE RUBRICA set TELEFONO = 081666666 where ID=1")
db.commit
print "Numero di righe aggiornate :", db.total_changes
```

```
cur = db.execute("SELECT ID,COGNOME,NOME,TELEFONO from RUBRICA")
for row in cur:
    print "ID = ", row[0]
    print "COGNOME = ", row[1]
    print " NOME = ", row[2]
    print " TELEFONO = ", row[3], "\n"

print "Operazione avvenuta con successo ";
db.close()
```

Una volta eseguito, il programma appena proposto, produrrà il seguente risultato:

```
Apertura database avvenuta con successo

Numero di righe aggiornate : 1

ID =  1
COGNOME = RossiGiulio
NOME = Giulio
TELEFONO =081666666

ID =  2
COGNOME = Bianchi
NOME = Rosa
TELEFONO =0823555555

ID =  3
COGNOME = Verdi
NOME = Giuseppe
TELEFONO =0824555555

ID =  4
COGNOME = Neri
NOME = Marco
TELEFONO =0825555555

Operazione avvenuta con successo
```

Nel codice appena visto abbiamo utilizzato il comando SQL UPDATE per aggiornare la tabella RUBRICA del database test.db. È possibile utilizzare il comando SET per modificare un campo, in questo caso si cambia il contenuto del campo TELEFONO. Con il comando WHERE, poi si effettua tale aggiornamento solo nel record in cui il campo ID è impostato su 1.

Si noti che il comando db.commit() è necessario per rendere le modifiche effettive, altrimenti le modifiche non verranno scritte all'interno del database.
Inoltre potrà accadere più o meno spesso di dover eliminare delle righe che risultano ormai inutili. Tale operazione è facilmente ottenibile attraverso il comando DELETE. Vediamo come:

```
#!/usr/bin/python

import sqlite3

db = sqlite3.connect('test.db')
print " Apertura database avvenuta con successo ";

db.execute("DELETE from RUBRICA where ID=2")
db.commit
print "Numero di righe eliminate :", db.total_changes

cur = db.execute("SELECT ID,COGNOME,NOME,TELEFONO from RUBRICA")
for row in cur:
    print "ID = ", row[0]
    print "COGNOME = ", row[1]
    print " NOME = ", row[2]
    print " TELEFONO = ", row[3], "\n"

print "Operazione avvenuta con successo ";
db.close()
```

Come è possibile notare l'eliminazione è ancora più facile dell'aggiornamento. Il codice SQL è solo di due righe; in questo caso, quello che abbiamo dovuto fare è stato solo di specificare a SQLite quale record cancellare dalla tabella (RUBRICA), individuandolo con l'utilizzo della clausola WHERE. Così si è cercato in tutti i record quello che aveva valore pari a 2 nel campo ID. Il risultato è riportato di seguito:

```
Apertura database avvenuta con successo

Numero di righe eliminate : 1

ID =  1
COGNOME = Rossi
NOME = Giulio
TELEFONO =081666666

ID =  3
COGNOME = Verdi
NOME = Giuseppe
TELEFONO =0824555555

ID =  4
COGNOME = Neri
NOME = Marco
TELEFONO =0825555555

Operazione avvenuta con successo
```

Queries parametrizzate

Passiamo ora a trattare le query parametrizzate; la potenzialità di un database si manifesta appunto nella capacità di estrarre delle informazioni dettagliate da un archivio di dati. Quando usiamo le query con parametri, adoperiamo dei segnaposto invece di scrivere direttamente i valori nelle dichiarazioni. Le query con parametri aumentano la sicurezza e le prestazioni del nostro database.

Il modulo Python sqlite3 supporta due tipi di segnaposto:
1) punti interrogativi
2) segnaposto con nome.

Nel seguente script si fa uso di queries parametrizzate adoperando il punto interrogativo come segnaposto, ci riferiremo sempre alla tabella Rubrica già introdotta in precedenza.

```python
#!/usr/bin/python
# -*- coding: utf-8 -*-

import sqlite3
import sys

nId = 1
Nome = Luigi

con = sqlite3.connect('test.db')

with con:

    cur = con.cursor()

    cur.execute("UPDATE Rubrica SET NOME=? WHERE Id=?", (Nome, nId))
    con.commit()

    print ("Numero di righe aggiornate: %d" % cur.rowcount)
```

Con lo script appena visto, si aggiorna il nome di un record della nostra rubrica. I punti interrogativi ? rappresentano dei segnaposti per i valori, in seguito i valori sono aggiunti ai segnaposto.

```python
cur.execute("UPDATE Rubrica SET NOME=? WHERE Id=?", (Nome, nId))
```

Infine la proprietà rowcount restituisce il numero di righe aggiornate; nel nostro caso è stata aggiornata una sola riga.

```python
print ("Numero di righe aggiornate: %d" % cur.rowcount)
```

Il secondo esempio, che vi propongo, utilizza istruzioni con parametri, con segnaposto identificato dal nome.

```
#!/usr/bin/python
# -*- coding: utf-8 -*-

import sqlite3
import sys

nId = 4

con = sqlite3.connect('test.db')

with con:

    cur = con.cursor()

    cur.execute("SELECT COGNOME, NOME FROM Rubrica WHERE Id=:Id",
        {"Id": nId})
    con.commit()

    row = cur.fetchone()
    print row[0], row[1]
```

In questo script selezioniamo il campo Cognome e Nome della nostra tabella Rubrica utilizzando un segnaposto con nome. Il segnaposto è facilmente identificabile in quanto è preceduto dal carattere due punti.

Inserire immagini in un database

In questo paragrafo, ci apprestiamo a inserire un'immagine all'interno del database SQLite, senza entrare nello specifico della questione tecnica che vede diverse scuole di pensiero sull'opportunità di una tale operazione. Mostriamo solo come farlo.
Per questo esempio, creiamo una nuova tabella denominata Immagini, e per tale tipo di dati, utilizzeremo il tipo di dati BLOB, che sta per Binary Large Objects.

```
#!/usr/bin/python
# -*- coding: utf-8 -*-

import sqlite3
import sys

def readImage():
    try:
        fin = open("luigi.jpg", "rb")
        img = fin.read()
        return img

    except IOError, e:

        print ("Error %d: %s" % (e.args[0],e.args[1]))
        sys.exit(1)
```

```
        finally:

            if fin:
                fin.close()

    try:
        con = sqlite3.connect('test.db')

        cur = con.cursor()
        data = readImage()
        binary = sqlite3.Binary(data)
        cur.execute("INSERT INTO Immagini(Data) VALUES (?)", (binary,) )

        con.commit()

    except lite.Error, e:

        if con:
            con.rollback()

        print ("Error %s:" % e.args[0])
        sys.exit(1)

    finally:

        if con:
            con.close()
```

In questo script, si legge un'immagine dalla directory di lavoro corrente e la si inserisce nella tabella Immagini del database SQLite test.db. Come sempre analizziamo il codice nelle parti essenziali. Leggiamo dapprima dati binari dal file system. Nella directory corrente è presente un'immagine JPG denominata luigi.jpg.

```
    try:
            fin = open("luigi.jpg", "rb")
            img = fin.read()
            return img
```

I dati sono quindi codificati utilizzando l'oggetto Binary di SQLite.

```
    binary = sqlite3.Binary(data)
```

Infine con la seguente istruzione si inserisce l'immagine nel database.

```
    cur.execute("INSERT INTO Immagini(Data) VALUES (?)", (binary,) )
```

Vediamo ora come eseguire l'operazione inversa e cioè leggeremo un'immagine dalla tabella del database.

```
#!/usr/bin/python
# -*- coding: utf-8 -*-

import sqlite3
import sys


def writeImage(data):

    try:
        fout = open('Simone.jpg','wb')
        fout.write(data)

    except IOError, e:
        print ("Error %d: %s" % (e.args[0], e.args[1]))
        sys.exit(1)

    finally:

        if fout:
            fout.close()

try:
    con = sqlite3.connect('test.db')

    cur = con.cursor()
    cur.execute("SELECT Data FROM Immagini LIMIT 1")
    data = cur.fetchone()[0]

    writeImage(data)


except lite.Error, e:

    print ("Error %s:" % e.args[0])
    sys.exit(1)

finally:

    if con:
        con.close()
```

Leggiamo dapprima i dati dell'immagine dalla tabella Immagini e scriviamo il tutto in un altro file, che chiameremo simone.jpg. Apriamo tale file binario in modalità di scrittura e i dati contenuti nel database sono scritti nel file.

```
try:
        fout = open('Simone.jpg','wb')
        fout.write(data)
```

Le successive due linee ci consentono di selezionare e recuperare i dati dalla tabella Immagini. Otteniamo in questo modo i dati binari dal primo record.

```
cur.execute("SELECT Data FROM Immagini LIMIT 1")
    data = cur.fetchone()[0]
```

Le transazioni SQLite in Python

Le transazioni, in altre parole, le unità elementari (logiche) di lavoro svolte da un'applicazione, sono una delle caratteristiche fondamentali di un database relazionale.

Rappresentano un meccanismo che consente di mantenere, durante la vita della nostra base dati, tutte le nostre informazioni consistenti. Durante le operazioni di modifica (scrittura, aggiornamento, cancellazione) delle nostre tabelle, le transazioni fanno sì che nessuna di queste avrà effetto fino a quando i nuovi valori non saranno effettivamente scritti sulla base dati stessa.

Ogni transazione è specificata racchiudendo una sequenza di operazioni, che fanno quindi parte della stessa unità di lavoro, in una coppia di istruzioni: una di inizio e una di conclusione. Se si sono eseguite tutte le operazioni senza riscontrare anomalie, si esegue un'istruzione detta di "commit", per confermare la transazione.

Una transazione è caratterizzata da proprietà cosiddette "acide" (dall'acronimo inglese ACID), ovvero:
- **Atomic** (atomicità): una transazione è un'unità indivisibile, ovvero se anche solo un'istruzione non dovesse andare a buon fine anche tutte le altre non andranno a buon fine. Grazie a questa caratteristica in presenza di qualsiasi guasto prima del commit, il motore del database eliminerà tutti gli effetti della transazione stessa ripristinando lo stato iniziale, come se nulla fosse successo.
- **Consistent** (consistenza): l'esecuzione non deve violare nessun vincolo di integrità, ovvero non ci si può permettere di perdere la consistenza dei dati. Ovvero l'esecuzione della transazione porterà la base dati da uno stato consistente a un altro, nel rispetto di tutti i vincoli d'integrità definiti.
- **Isolated** (isolamento): l'esecuzione è assolutamente indipendente da altre esecuzioni di altre transazioni.
- **Durable** (persistenza / durata): i dati committati, quindi le modifiche che vengono materializzate fisicamente all'interno della base dati, non devono essere persi. Questa proprietà richiede che l'effetto prodotto da una transazione che ha effettuato un'operazione di commit non venga perso.

SQLite supporta tre livelli di transazione non standard: **deferred, immediate**, ed **exclusive**. Vediamo allora uno script che lavora con le transazioni in modalità **autocommit**, in tale modalità le modifiche risultano immediatamente efficaci.

```python
#!/usr/bin/python
# -*- coding: utf-8 -*-

import sqlite3

try:
 db = sqlite3.connect('test.db')
 cur = con.cursor()
 print " Apertura database avvenuta con successo ";
 cur.execute ("DROP TABLE IF EXISTS Parenti"
 cur.execute ("CREATE TABLE Parenti (Id INTEGER PRIMARY KEY, Nome TEXT)" )
 cur.execute ("INSERT INTO Parenti (Nome) VALUES ('Tiziana')")
 cur.execute ("INSERT INTO Parenti (Nome) VALUES ('Luigi')")
 cur.execute ("INSERT INTO Parenti (Nome) VALUES ('Simone')")
 cur.execute ("INSERT INTO Parenti (Nome) VALUES ('Valentina')")
 cur.execute ("INSERT INTO Parenti (Nome) VALUES ('Mariateresa')")
 #db.commit()

except sqlite3.Error, e:

 if db:
  db.rollback()
 print "Error %s:" % e.args[0]
 sys.exit(1)

finally:

 if db:
  db.close()
```

Tralasciando ancora una volta le sezioni già descritte in precedenza, concentriamoci sulla sezione di creazione della tabella. In questo script creiamo una tabella di nome Parenti e ci occupiamo di riempirla di dati. In questo modo ogni istruzione SQL è immediatamente efficace.

```python
db.execute ("DROP TABLE IF EXISTS Parenti")
db.execute ("CREATE TABLE Parenti (Id INTEGER PRIMARY KEY, Nome TEXT)")
```

In queste due linee di codice ci occupiamo di eliminare la tabella Parenti se esiste già, dopodiché creiamo la tabella con l'istruzione CREATE TABLE. Quindi iniziamo a popolare la tabella con le seguenti istruzioni:

```python
db.execute ("INSERT INTO Parenti (Nome) VALUES ('Tiziana')")
db.execute ("INSERT INTO Parenti (Nome) VALUES ('Luigi')")
db.execute ("INSERT INTO Parenti (Nome) VALUES ('Simone')")
db.execute ("INSERT INTO Parenti (Nome) VALUES ('Valentina')")
db.execute ("INSERT INTO Parenti (Nome) VALUES ('Mariateresa')")
```

Dopo aver eseguito lo script, verifichiamo di aver correttamente creato e popolato la Tabella `Parenti`, utilizzando la shell di comando di `sqlite3`:

```
>sqlite3 test.db
SQLite version 3.8.7.1 2014-10-29 13:59:56
Enter ".help" for usage hints.
sqlite> select * from Parenti;
1|Tiziana
2|Luigi
3|Simone
4|Valentina
5|Mariateresa
sqlite>
```

Nel secondo esempio dimostriamo che alcuni comandi `commit` risultano impliciti e determinano le modifiche richieste al database. In esso non iniziamo esplicitamente una transazione, né invochiamo i metodi `commit` o `rollback`. Eppure, i dati vengono comunque scritti nella tabella. Questo perché la modalità predefinita di lavoro è `autocommit`.

```
#!/usr/bin/python
# -*- coding: utf-8 -*-

import sqlite3

try:
 db = sqlite3.connect('test.db')
 cur = con.cursor()
 print " Apertura database avvenuta con successo ";
 cur.execute ("DROP TABLE IF EXISTS Parenti"
 cur.execute ("CREATE TABLE Parenti (Id INTEGER PRIMARY KEY, Nome TEXT)" )
 cur.execute ("INSERT INTO Parenti (Nome) VALUES ('Tiziana')")
 cur.execute ("INSERT INTO Parenti (Nome) VALUES ('Luigi')")
 cur.execute ("INSERT INTO Parenti (Nome) VALUES ('Simone')")
 cur.execute ("INSERT INTO Parenti (Nome) VALUES ('Valentina')")
 cur.execute ("INSERT INTO Parenti (Nome) VALUES ('Mariateresa')")

 cur.execute("CREATE TABLE IF NOT EXISTS Temporary(Id INT)")

except sqlite3.Error, e:

 if db:
  db.rollback()
 print "Error %s:" % e.args[0]
 sys.exit(1)

finally:

 if db:
  db.close()
```

Nel codice appena visto risulta evidente una modifica rispetto allo script che avevamo presentato nel primo esempio. Si tratta della seguente riga di codice:

```
cur.execute("CREATE TABLE IF NOT EXISTS Temporary(Id INT)")
```

Tale istruzione SQL creerà una nuova tabella, inoltre renderà effettive le modifiche apportate con le righe precedenti.

Capitolo undici
Gli array con NumPy

NumPy rappresenta un'estensione del linguaggio di programmazione Python per il trattamento degli array numerici e per l'analisi dei dati. Le operazioni di base utilizzate nella programmazione scientifica fanno largo uso di array, matrici, strumenti per l'integrazione dei dati, risolutori di equazioni differenziali e funzioni statistiche. Python, per impostazione predefinita, non ha nulla di tutto questo, salvo alcune operazioni matematiche di base. Allora ci vengono in soccorso NumPy e SciPy che, come già detto, sono due pacchetti che ci consentono di utilizzare l'ambiente Python efficacemente per scopi scientifici.

Il pacchetto NumPy è specializzato nell'elaborazione numerica dei dati attraverso arrays multi-dimensionali, che consentono le operazioni elemento per elemento, con la possibilità di utilizzo del formalismo tipico dell'algebra lineare. Inoltre, gli array possono essere modificati dinamicamente. Il pacchetto Numpy è stato scritto originariamente in C e contiene le seguenti risorse:

- array N-dimensionali
- raccolta di funzioni matematiche veloci
- supporto all'algebra lineare di base
- supporto alle trasformare di fourier
- generazione numeri casuali
- Tools per integrare codice C/C++ e FORTRAN
- array scalare
- oggetti matrice
- oggetti vettore stringa
- oggetti array di record
- oggetti mappatura memoria
- Tools per convertire codice nativo scritto in Numeric e Numarray in Numpy.

Installare NumPy e SciPy

Per poter utilizzare le risorse che questi due pacchetti ci mettono a disposizione è necessario preventivamente provvedere all'installazione sulla nostra macchina. Per la maggior parte degli utenti, in particolare per quelli che utilizzano piattaforme Windows e Mac, il modo più semplice per installare i pacchetti SciPy e NumPy è quello di scaricare una delle seguenti distribuzioni di Python, che includono tutti i pacchetti necessari al calcolo scientifico:

- Anaconda: una distribuzione gratuita contenente SciPy. Supporta Linux, Windows e Mac.
- Enthought Canopy: le versioni gratuite e commerciali includono i pacchetti SciPy. Supporta Linux, Windows e Mac.
- Python (x, y): una distribuzione gratuita contenente SciPy, basata soprattutto sulla Spyder IDE. Solo per Windows.
- WinPython: una distribuzione gratuita contenente SciPy. Solo per Windows.
- Pyzo: una distribuzione gratuita basata su Python 3 con l'editor di IEP. Supporta Linux e Windows.

Se invece abbiamo già installato un'altra versione del software non risulta difficile, dopo aver scaricato i pacchetti d'installazione disponibili per tutte le piattaforme, provvedere all'installazione.

Per gli utenti Linux con distribuzioni basate su Debian, Ubuntu o LinuxMint è sufficiente utilizzare il comando `apt-get` al fine di eseguire operazioni come l'installazione di nuovi pacchetti software, l'aggiornamento dei pacchetti software esistenti, l'aggiornamento dell'indice dell'elenco di pacchetti e persino l'avanzamento di versione dell'intero sistema.
Nel nostro caso basterà eseguire il seguente comando:

```
sudo apt-get install python-numpy python-SciPy
```

Mentre su un sistema basato su RPM come Fedora o OpenSUSE, è possibile installare i pacchetti Python utilizzando il software per la gestione di pacchetti `yum` nel seguente modo:

```
sudo yum install numpy SciPy
```

Per gli utenti Mac che utilizzano il sistema MacPorts3, è possibile installare NumPy e SciPy attraverso il gestore di pacchetti come indicato di seguito:

```
sudo port install py27-numpy py27-SciPy py27-ipython
```

Figura 11.1 – Sito ufficiale del pacchetto SciPy.

La compilazione e l'installazione dei pacchetti NumPy e SciPy dal codice sorgente, per sistemi Windows rappresenta una procedura abbastanza complicata, rispetto ai sistemi basati su Unix.

Fortunatamente, è disponibile il pacchetto di installazione compilato chiamato Python (x, y) 4 che ha sia NumPy e SciPy inclusi. Per coloro che preferiscono compilare i pacchetti NumPy e SciPy a partire dai codici sorgente sarà necessario visitare il sito al seguente url:

```
http://www.scipy.org
```

e scaricare l'ultima versione stabile e recuperare la documentazione necessaria per eseguire la procedura.

La creazione di array in NumPy

Come già anticipato, NumPy rappresenta un pacchetto di estensione in ambiente Python fondamentale per il calcolo scientifico; questo perché aggiunge, agli strumenti già disponibili, le funzionalità tipiche degli array N-dimensionali, le operazioni elemento per elemento, un massiccio numero di operazioni matematiche nell'ambito dell'algebra lineare, e la capacità di integrare e richiamare codice sorgente scritto in C, C++ e

Fortran.
Python ci permette di memorizzare i dati in molti modi diversi, anche se i metodi più utilizzati sono le liste e dizionari. Attraverso l'impiego dell'oggetto lista possiamo memorizzare qualsiasi altro oggetto, definito in Python, come un singolo elemento. A questo punto però, potremo eseguire delle operazioni sugli elementi della lista solo attraverso un ciclo iterativo, che come è noto risulta dal punto di vista computazionale inefficiente in Python.

A tal proposito il pacchetto NumPy ci consente di superare le carenze presentate dalle liste, fornendo una memorizzazione dei dati in particolari oggetti chiamati ndarray.

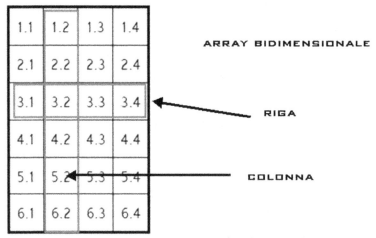

Figura 11.2 – Rappresentazione grafica di un array bidimensionale.

L'oggetto ndarray è simile alle liste, ma si distingue da quest'ultime in quanto non permette una grande flessibilità per quanto riguarda l'archiviazione di oggetti di diverso tipo, cosa che invece è tipica delle liste. In un ndarray può essere memorizzato solo lo stesso tipo di elemento in ciascuna colonna. Ad esempio, una lista potrebbe essere riempita memorizzando nel primo elemento un tipo di oggetto e nel secondo un'altra lista o un dizionario.

Con gli array di NumPy, è possibile memorizzare solo lo stesso tipo di elemento, ad esempio, tutti gli elementi devono essere numeri reali, numeri interi o stringhe. Nonostante questo limite, l'oggettto ndarray si presenta particolarmente performante quando si tratta di tempi di funzionamento, in quanto vengono velocizzati in modo significativo le operazioni.

Passiamo ora alla procedura da seguire per creare un array; come sempre dobbiamo dapprima importare il modulo numpy all'interno del nostro script, lo possiamo fare in diversi modi:

- import numpy
- from numpy import *
- import numpy as np

L'ultimo è il metodo universalmente accettato per importare il pacchetto numpy, questo perché il metodo "import numpy" rende eccessivamente lunghi i riferimenti ai metodi, mentre "from numpy import *" rende possibili alcuni inconvenienti sui nomi.

Per la creazione di un array NumPy ci mette a disposizione diversi strumenti a partire dal comando array che ci permette di creare un array indicando elemento per elemento tutto il suo contenuto:

```
>>> a = np.array([2, 4, 6, 8])
>>> a
array([2, 4, 6, 8])
```

In questo caso abbiamo creato un array monodimensionale di soli quattro elementi; nel caso invece volessimo creare un array bidimensionale di dimensioni 3x3, allora scriveremo:

```
>>> a = np.array([[10, 20, 30], [40, 50, 60], [70, 80, 90]])
>>> a
array([[10, 20, 30],
       [40, 50, 60],
       [70, 80, 90]])
```

Nel caso volessimo creare un array monodimensionale di valori equidistanti con numeri da 0 a 10 utilizzeremmo la funzione arange:

```
>>> a = np.arange(10)
>>> a
array([0, 1, 2, 3, 4, 5, 6, 7, 8, 9])
```

Mentre, per costruire un array di numeri da 0 a 50, con passo di 5 (utilizzando un passo predeterminato tra i successivi valori), scriveremo:

```
>>> a = np.arange(10, 100, 5)
>>> a
array([10, 15, 20, 25, 30, 35, 40, 45, 50, 55, 60, 65, 70, 75, 80, 85, 90,
95])
```

Per creare invece un array monodimensionale di cinquanta numeri compresi tra due valori limite ed equispaziati in tale intervallo utilizzeremo la funzione `linspace`.

Vediamo un esempio:

```
>>> a = np.linspace(0, 10, 50)
>>> a
array([  0.        ,   0.20408163,   0.40816327,   0.6122449 ,
         0.81632653,   1.02040816,   1.2244898 ,   1.42857143,
         1.63265306,   1.83673469,   2.04081633,   2.24489796,
         2.44897959,   2.65306122,   2.85714286,   3.06122449,
         3.26530612,   3.46938776,   3.67346939,   3.87755102,
         4.08163265,   4.28571429,   4.48979592,   4.69387755,
         4.89795918,   5.10204082,   5.30612245,   5.51020408,
         5.71428571,   5.91836735,   6.12244898,   6.32653061,
         6.53061224,   6.73469388,   6.93877551,   7.14285714,
         7.34693878,   7.55102041,   7.75510204,   7.95918367,
         8.16326531,   8.36734694,   8.57142857,   8.7755102 ,
         8.97959184,   9.18367347,   9.3877551 ,   9.59183673,
         9.79591837,  10.        ])
```

Passiamo ora al trattamento degli array bidimensionali (matrici), che naturalmente si trattano in maniera del tutto analoga a quanto fatto finora.

Se volessimo allora creare una matrice 4x3 tutta riempita di zeri allora scriveremo:

```
>>> a = np.zeros( (3, 4) )
>>> a
array([[ 0.,  0.,  0.,  0.],
       [ 0.,  0.,  0.,  0.],
       [ 0.,  0.,  0.,  0.]])
```

mentre se avessimo voluto inserire tutti valori unitari:

```
>>> a = np.ones( (3, 4) )
>>> a
array([[ 1.,  1.,  1.,  1.],
       [ 1.,  1.,  1.,  1.],
       [ 1.,  1.,  1.,  1.]])
```

Utilizzeremo invece la funzione `empty` per creare un array il cui contenuto è casuale e dipende dallo stato della memoria:

```
>>> np.empty((4,2))
array([[  2.50322741e-315,   2.50324340e-315],
       [  2.50324324e-315,   2.32528637e-316],
       [  0.00000000e+000,   2.32096981e-316],
```

```
[ 0.00000000e+000,  0.00000000e+000]])
```

Oppure la funzione ʀᴀɴᴅᴏᴍ per sfruttare il generatore di numeri casuali di Python:

```
>>> a= np.random.random((2,3))
>>> a
array([[ 0.18170657,  0.13218569,  0.91134477],
       [ 0.6484931 ,  0.83494799,  0.99574372]])
```

Cerchiamo ora di sistemare dei valori specifici sulla diagonale principale di una matrice ponendo pari a zero gli altri elementi:

```
>>> a = np.diag([5, 4, 3, 2, 1])
>>> a
array([[5, 0, 0, 0, 0],
       [0, 4, 0, 0, 0],
       [0, 0, 3, 0, 0],
       [0, 0, 0, 2, 0],
       [0, 0, 0, 0, 1]])
```

Riempiamo quindi solo la prima diagonale, al di sopra di quella principale, con una matrice quadrata lasciando gli altri elementi pari a zero:

```
>>> a= np.diag([1,2,3],1)
>>> a
array([[0, 1, 0, 0],
       [0, 0, 2, 0],
       [0, 0, 0, 3],
       [0, 0, 0, 0]])
```

Vediamo poi il metodo ɪᴅᴇɴᴛɪᴛʏ() che crea una matrice identità:

```
>>> np.identity(4, dtype=float)
array([[ 1., 0., 0., 0.],
[ 0., 1., 0., 0.],
[ 0., 0., 1., 0.],
[ 0., 0., 0., 1.]])
```

E infine il metodo ᴇʏᴇ() che crea una matrice identità sulla diagonale k-ma

```
>>> np.eye(4, k=1, dtype=float)
array([[ 0., 1., 0., 0.],
[ 0., 0., 1., 0.],
[ 0., 0., 0., 1.],
```

```
[ 0., 0., 0., 0.]])
```

Le operazioni di base

Con queste prime semplici istruzioni, abbiamo imparato a costruire degli array attraverso l'utilizzo delle funzioni di base previste dal modulo NumPy, per il trattamento dei vettori. Ora vediamo come ricavare da un array già presente in memoria, alcune informazioni essenziali per eseguire delle operazioni in modo corretto su vettori e matrici. Dopo aver richiamato la matrice a, partiamo dall'individuazione del rango, che rappresenta il numero di dimensioni dell'array, e si determina attraverso la funzione ndim:

```
>>> a
array([[0, 1, 0, 0],
       [0, 0, 2, 0],
       [0, 0, 0, 3],
       [0, 0, 0, 0]])

>>> a.np.ndim
2
```

Ricordiamo a tal proposito che nell'algebra lineare, il rango o caratteristica di una matrice A a valori in un certo campo è il massimo numero di colonne (o righe) linearmente indipendenti in A . Passiamo poi a determinare la forma del nostro array, allora utilizzeremo la funzione shape che ci restituisce a.ndim valori. In particolare nel caso di una matrice, la funzione shape ci dice di quante righe e quante colonne è costituita, così se la matrice è di n righe e n colonne allora ci restuìtuisce una tupla di interi del tipo (n,m):

```
>>> a.np.shape
(4, 4)
```

Per conoscere invece il numero di elementi di un array scriveremo:

```
>>> a.np.size
16
```

che equivale ad eseguire il prodotto di tutti i risultati forniti dalla funzione shape. Passiamo ora ad interrogare NumPy alfine di determinare il tipo degli elementi contenuti nell'array; per fare questo utilizzeremo la funzione dtype:

```
>>> a.np.dtype
dtype('int32')
```

Per ottenere informazioni sulla dimensione in byte di ogni elemento dell'array, useremo la funzione itemsize nel seguente modo:

```
>>> a.np.itemsize
4
```

Passiamo ora ad analizzare le operazioni di base che è possibile eseguire sugli array, ricordando ancora una volta che ogni operazione è eseguita elemento per elemento, ed il risultato è immagazzinato in un nuovo array. Vediamo allora per iniziare, la somma membro a membro di due vettori:

```
>>> a=np.array([1,2,3])
>>> b=np.array([3,2,1])
>>> c=a+b
>>> c
array([4, 4, 4])
```

possiamo ottenere un risultato analogo con la seguente istruzione:

```
>>> a=np.array([1,2,3])
>>> b=np.array([3,2,1])
>>> a+=b
>>> a
array([4, 4, 4])
```

Come è intuibile, in questo caso, non abbiamo fatto altro che effettuare allo stesso modo la somma elemento per elemento dei due vettori, ma diversamente dal caso precedente il risultato non è stato immagazzinato in un nuovo file ma bensì ha sostituito gli elementi inzialmente presenti nel vettore a. Passiamo ora ad effettuare la somma e la differenza membro a membro:

```
>>> a=np.array([1,2,3])
>>> b=np.array([3,2,1])
>>> c=a+b
>>> c
array([4, 4, 4])
>>> d=a-b
>>> d
array([-2, 0, 2])
```

In modo analogo operiamo il prodotto membro a membro:

```
>>> a=np.array([1,2,3])
>>> b=np.array([3,2,1])
>>> c=a*b
>>> c
array([3, 4, 3])
```

Eseguiamo l'elevamento a potenza:

```
>>> a=np.array([1,2,3])
>>> e=a**2
>>> e
array([1, 4, 9])
```

Utilizziamo una semplice funzione trigonometrica:

```
>>> a=np.array([1,2,3])
>>> f=5*sin(a)
>>> f
array([ 4.20735492,  4.54648713,  0.70560004])
```

Infine effettuiamo un controllo con un operatore booleano:

```
>>> a=np.array([1,2,3])
>>> a<2
array([ True, False, False], dtype=bool)
```

Vediamo ora come eseguire il prodotto tra due matrici: ricordiamo a tal proposito che è possibile realizzare il prodotto elemento per elemento (a*b) ed il prodotto righe per colonne attraverso l'impiego della funzione dot. Vediamo entrambe le procedure nei due esempi successivi:

```
>>> a=np.array([[1,2],[3,4]])
>>> b=np.array([[0,1],[0,1]])
>>> c=a*b
>>> c
array([[0, 2],
       [0, 4]])
```

Abbiamo così eseguito il prodotto elemento per elemento, vediamo ora cosa accade realizzando il prodotto riga per colonna:

```
>>> d=np.dot(a,b)
>>> d
array([[0, 3],
```

```
        [0, 7]])
```

Vediamo come eseguire la divisione membro a membro (x = a / b, a /= b):

```
>>> a=np.array([[1,2],[3,4]])
>>> b=np.array([[2,1],[1,2]])
>>> c=a/b
>>> c
array([[ 0.5,  2. ],
       [ 3. ,  2. ]])
```

Eseguiamo la trasposta di una matrice:

```
>>> a=np.array([[1,2],[3,4]])
>>> a.T
array([[1, 3],
       [2, 4]])
```

Applichiamo ora delle semplici funzioni quali sum, min e max che eseguono rispettivamente la somma degli elementi di un array, e ne determinano il valore minimo e massimo:

```
>>> a =np.array([[10, 20, 30], [40, 50, 60], [70, 80, 90]])

>>> b=a.np.sum()
>>> b
450

>>> c=a.np.min()
>>> c
10

>>> d=a.np.max()
>>> d
90
```

Vediamo ora un altro modo di utilizzare la funzione sum; specificando dove eseguire la somma attraverso l'utilizzo dell'attributo axis, potremo eseguire la somma delle colonne e delle righe rispettivamente:

```
>>> a =np.array([[10, 20, 30], [40, 50, 60], [70, 80, 90]])
>>> a
array([[10, 20, 30],
       [40, 50, 60],
       [70, 80, 90]])
>>> a.np.sum(axis=0)
array([120, 150, 180])   #Somma delle colonne
>>> a.np.sum(axis=1)
```

```
array([ 60, 150, 240])   #Somma delle righe
```

In modo analogo possono essere utilizzate le funzioni min e max appena viste:

```
>>> a = np.array([[10, 20, 30], [40, 50, 60], [70, 80, 90]])
>>> a
array([[10, 20, 30],
       [40, 50, 60],
       [70, 80, 90]])
>>> a.np.min(axis=0)
array([10, 20, 30])
>>> a.np.min(axis=1)
array([10, 40, 70])
>>> a.np.max(axis=0)
array([70, 80, 90])
>>> a.np.max(axis=1)
array([30, 60, 90])
```

La indicizzazione

Passiamo ora alla indicizzazione degli array o meglio come dobbiamo operare in ambiente Python per poter accedere ai singoli elementi di un array.
Creiamo dapprima un vettore e vediamo come richiamare dei singoli elementi o gruppi di essi:

```
>>> a=np.arange(15)
>>> a
array([ 0,  1,  2,  3,  4,  5,  6,  7,  8,  9, 10, 11, 12, 13, 14])
```

Accediamo al primo elemento dell'array, ricordando a tal proposito che Python numera gli elementi di un array a partire dall'elemento che occupa la posizione 0 all'interno dell'array:

```
>>> a[0]
0
```

quindi per accedere al quarto elemento dell'array scriveremo:

```
>>> a[3]
3
```

Per estrarre invece un gruppo di elementi attraverso l'indicazione di un intervallo, utilizzeremo l'operatore due punti (:).

Per estrarre gli elementi che vanno dal secondo (elemento che occupa la posizione 1 nell'array), al quarto escluso (elemento che occupa la posizione 3 nell'array) scriveremo:

```
>>> a[1:3]
array([1, 2])
```

Mentre per estrarre gli elementi che vanno dal secondo (elemento che occupa la posizione 1 nell'array), al decimo escluso (elemento che occupa la posizione 9 nell'array), utilizzando un passo pari a 2 scriveremo:

```
>>> a[1:9:2]
array([1, 3, 5, 7])
```

Infine per estrarre gli elementi che vanno dall'ultimo (si noti che prima dell'operatore due punti(:) non è stato indicato nessun numero, ciò equivale ad indicare primo o ultimo elemento a seconda che il passo sia positivo o negativo), al primo escluso (elemento che occupa la posizione 0 nell'array), utilizzando un passo pari a -3 scriveremo:

```
>>> a[:0:-3]
array([14, 11,  8,  5,  2])
```

Tutte le operazioni che abbiamo effettuato si sono riferite a degli array monodimensionali, vediamo ora come operare con le matrici.
In modo analogo a quanto fatto precedentemente creiamo una matrice e poi accediamo ai suoi elementi:

```
>>> a = np.array([[10, 20, 30], [40, 50, 60], [70, 80, 90]])
>>> a
array([[10, 20, 30],
       [40, 50, 60],
       [70, 80, 90]])
```

Accediamo all'elemento che occupa la posizione individuata dalla prima riga e prima colonna (indice 0 e 0):

```
>>> a[0,0]
10
```

Quindi all'elemento che occupa la posizione individuata dalla seconda riga e terza colonna (indice 1 e 2):

```
>>> a[1,2]
60
```

Infine all'elemento che occupa la posizione individuata dalla terza riga e terza colonna (indice 2 e 2):

```
>>> a[2,2]
90
```

Passiamo allora all'indicizzazione con l'operatore : (due punti), per e-strarre gruppi di elementi e posizionarli in un array. Nel primo caso o-metteremo gli indici di riga per comprendere tutte le righe, allora indi-cando come indice di colonna 2, avremo chiesto di estrarre tutta la ter-za colonna:

```
>>> a[:,2]
array([30, 60, 90])

>>> a[0,:]
array([10, 20, 30])

>>> a[0:1,:]
array([[10, 20, 30]])

>>> a[0:2,:]
array([[10, 20, 30],
       [40, 50, 60]])
```

Capitolo dodicesimo
Visualizzazione dei dati

Nei capitoli precedenti abbiamo descritto, in modo dettagliato, le specifiche previste dal Python per una corretta programmazione. I dati elaborati da un programma Python, dovranno essere successivamente correttamente interpretati al fine di ricavare informazioni utili sul processo che in questo modo si è voluto simulare. Per fare questo è necessario disporre di un ambiente visuale, che ci permetta di riportare i dati elaborati, ma che allo stesso tempo ci consenta di effettuare su di essi opportune manipolazioni per ricavare importanti indicazioni sull'evoluzione del fenomeno.

Python dispone di una libreria per la creazione di grafici detta Matplotlib che si appoggia alla libreria matematica NumPy. Matplotlib fornisce API orientate agli oggetti che permettono di inserire grafici all'interno di applicativi usando toolkit GUI generici, come WxPython, Qt o GTK. Prevede anche una interfaccia procedurale (pylab) basata su librerie OpenGL, progettata in modo analogo a quella presente in ambiente Matlab. La libreria, creata da John Hunter, è distribuita sotto licenza di tipo BSD. Matplotlib è una libreria di grafici in 2D che produce figure di alta qualità per la pubblicazione, in una grande varietà di formati e di ambienti interattivi su diverse piattaforme. Può essere usata in script Python, oppure direttamente dalla shell di Python, da un server di applicazioni Web, e da ben sei toolkit per la realizzazione di interfacce grafiche dell'utente.

Introduzione a matplolib

Per poter utilizzare l'ambiente grafico offerto da Matplolib è necessario procedere preventivamente alla sua installazione. Per fare questo occorre visitare il sito disponibile al seguente url:

```
http://matplotlib.org/index.html
```

Scaricare la versione adatta alla propria macchina ed alla versione di Python installata. Ci sono molti modi diversi per installare Matplotlib, e il modo migliore dipende dal sistema operativo in uso e da come si desidera utilizzarlo. Per evitare di dedicare del tempo alla lettura delle note di installazione presenti sul sito ufficiale delle librerie, la cosa più semplice da fare è di utilizzare una delle distribuzioni Python preconfezionate che già forniscono Matplotlib incorporato. Ad esempio come già indicato nel caso del modulo NumPy esempi sono `Python (x, y)` e `WinPython` ed altre ancora.

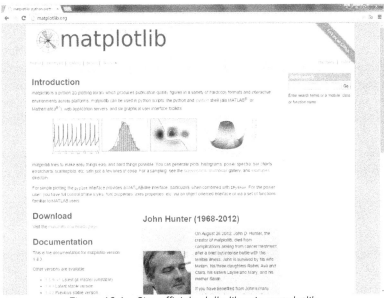

Figura 12.1 – Sito ufficiale delle librerie matplotlib.

Iniziamo con introdurre la libreria `pyplot` che ci permette di trattare i grafici in maniera del tutto analoga a come si farebbe in ambiente Matlab. Ogni funzione `pyplot` apporta una qualche modifica alla figura che stiamo creando: ad esempio, ci permette di creare una figura, creare un'area di stampa in una figura, tracciare dele linee in una area di stampa, decorare le tracce con delle etichette, ecc.

La finestra di `matplotlib.pyplot` è aggiornata in tempo reale, in quanto tiene traccia di tutte le modifiche apportate dalle funzioni nella figura corrente.

Per creare un diagramma utilizzeremo la funzione `plot()`, che ha però forme diverse dipendenti dagli argomenti di input. Se `y` è un vettore, `plot(y)` produce un grafico lineare degli elementi di `y` contro l'indice degli elementi di `y`. Se si specificano invece due vettori come argomenti, `plot(x,y)`, si produce un grafico di `y` contro `x`. Per esempio, per diagrammare il valore della funzione `sin` da 0 a 2 $*\pi$, utilizzeremo la seguente notazione:

```
>>> import matplotlib.pyplot as plt
>>> t=arange(0,2*pi,pi/100)
>>> y = sin(t)
>>> plt.plot(t,y)
>>> plt.show()
```

Che produce il grafico riportato nella Figura 12.02.

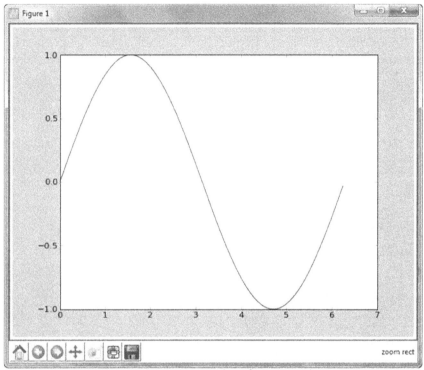

Figura 12.2 – Esempio di grafico con pyplot.

Come è possibile verificare praticamente, il comando `plt.show()` apre automaticamente una nuova finestra sullo schermo (Figura 12.2), in cui compare il grafico appena tracciato; impariamo a conoscere e ad utilizzare tale finestra. In essa, nella parte bassa, compare una barra degli strumenti che ci permette la navigazione interattiva nel grafico appena realizzato (Figura 12.3).

Attraverso l'utilizzo dei pulsanti in essa presenti possiamo eseguire in modo immediato le seguenti operazioni:

- Reset original view: vengono annulate tutte le modifiche al grafico apportate fino a quel momento e si ritorna alla visualizzazione originaria;

- Pulsanti Forward e Back: del tutto simili a quelli presenti in un web browser ci permettono di andare in avanti e indietro nelle viste precedentemente definite. Non hanno alcun significato se non dopo aver navigato all'interno della finestra mediante i tasti di zoom e pan.

- Pulsante Pan/Zoom: questo tasto ha due modalità pan e zoom. Fare clic sul pulsante della barra strumenti per attivare il panning e lo zoom, poi puntare il mouse su un asse, premere il tasto sinistro del mouse e tenerlo premuto per scorrere la figura, trascinandolo in una nuova posizione. Quando si rilascia il pulsante, avremo spostato il punto di vista del grafico nella posizione corrente. In tale modalità, premendo il tasto destro del mouse potremo ingrandire/rimpicciolire il grafico (sia lungo x che lungo y), operando una sorta di zoom. L'asse x sarà ingrandito in proporzione al movimento effettuato verso destra e rimpicciolito in proporzione al movimento verso sinistra. La stessa cosa varrà per l'asse y.

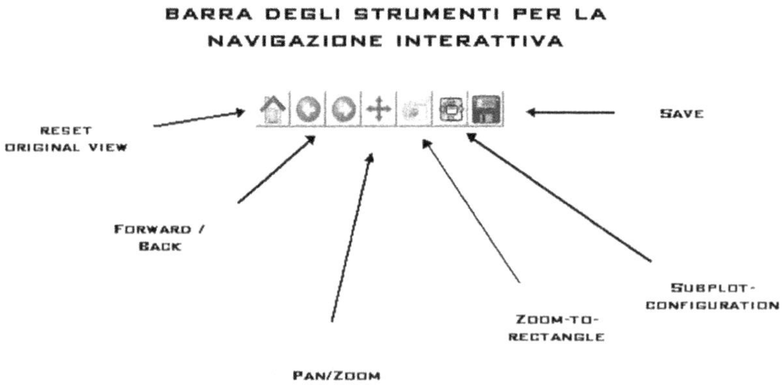

Figura 12.3 – Toolbar per la navigazione interattiva.

- Pulsante Zoom-to-rectangle: fare clic su questo pulsante della barra strumenti per realizzare un ingrandimento sulla porzione di grafico contenuta nel rettangolo che avremo descritto con il mouse. Eseguendo la stessa operazione con il tasto destro faremo in modo di ridimensionare l'intero grafico all'interno del rettangolo tracciato.

- Pulsante Subplot-configuration: utilizzare questo strumento per configurare i parametri di grafici multipli, quali le posizioni sinistra, destra, in alto, in basso, lo spazio tra le righe e lo spazio tra le colonne.

- Pulsante Save: fare clic su questo pulsante per eseguire il salvataggio del grafico tracciato in un file esterno. È possibile salvare i file con le seguenti estensioni: PNG, PS, EPS, SVG e PDF.

Il comando `plot()` si dimostra estremamente versatile, in quanto richiede un numero arbitrario di argomenti. Ad esempio, per tracciare dei valori di y in corrispondenza di precisi valori di x, è possibile eseguire il comando seguente:

```
>>> plt.plot([1,2,3,4], [1,8,27,64], 'ro')
>>> plt.axis([0,5,0,70])
[0, 5, 0, 70]
>>> plt.show()
```

che produce il grafico riportato nella Figura 12. 4.

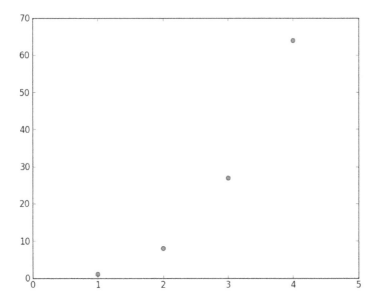

Figura 12.4 – Tracciamento di quattro punti nel piano.

Per ogni coppia di valori x, y, vi è un terzo valore opzionale che indica il colore e tipo di linea della traccia. Le lettere ed i simboli della stringa di formato sono equivalenti a quelli previsti da Matlab, in questo modo sarà possibile indicare una lettera per il colore ed una lettera per lo stile di linea. La stringa di formato di default è `'b-'`, che rappresenta una linea solida di colore blu.

Nel caso del grafico riportato nella Figura 12. 4 la stringa 'ro' sta a significare: colore red e marcatore cerchio.

Si possono poi ottenere grafici multipli attraverso diverse coppie di valori x-y, tutto questo con una singola chiamata.

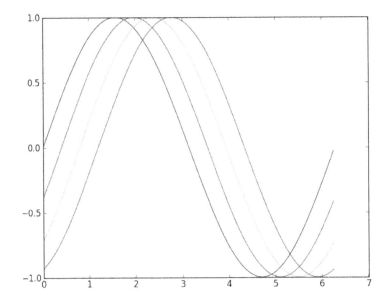

Figura 12.5 – Grafici multipli.

Pyplot automaticamente traccia i diversi grafici utilizzando un elenco di colori predefinito (ma modificabile dall'utente) che permette di distinguere ciascun elenco di dati.

Per esempio, i comandi riportati di seguito tracciano quattro funzioni di t, assegnando a ciascuna curva un colore diverso:

```
>>> t=arange(0,2*pi,pi/100)
>>> y1 = sin(t)
>>> y2 = sin(t - .50)
>>> y3 = sin(t - .9)
>>> y4 = sin(t - 1.3)
>>> plt.plot(t,y1,t,y2,t,y3,t,y4)
>>> plt.show()
```

I colori delle linee, se non sono specificati nel comando, vengono scelti da Pyplot tra i colori disponibili a rotazione. Il fatto di tracciare le linee in colori diversi rende più agevole l'individuazione di ogni singola traiettoria.

Nel caso del comando precedente, poiché non è stato specificato nessun colore, otteniamo il risultato mostrato in Figura 12. 5.

Come gia detto in precedenza, è possibile specificare colore, stile della linea e marcatori, con segnali positivi o cerchi, attraverso il seguente comando:

```
>>> plt.plot(x,y,' colore stile marcatore')
```

Dove la stringa `colore stile marcatore` è costituita da una sequenza di 1, 2 o 3 caratteri (separati da virgolette) che rappresentano un colore, uno stile di linea e un tipo di marcatore; tipi di colore sono:

```
'c', 'm', 'y', 'r', 'g', 'b', 'w', 'k'
```

che corrispondono a ciano, magenta, giallo, rosso, verde, azzurro, bianco e nero.

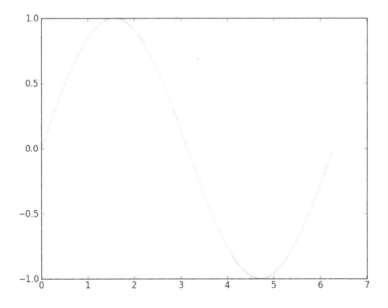

Figura 12.6 – Colori, stili di linea e marcatori.

Tipi di stile per le linee sono:

-, --, -. , :

Mentre caratteri da utilizzare quali marcatori sono:

. , , , o , v , ^ , < , > , 1 , 2 , 3 , 4 , s , p , * , h , H , + , x , D , d , l , _ .

Ad esempio, il seguente comando:

```
>>> plt.plot(x,y,'y-+)
```

traccia in giallo una linea rappresentata da linea solida e dal marcatore +, ripetuto in corrispondenza di ciascun dato (Figura 12. 6).
Per il controllo delle proprietà delle linee abbiamo molti attributi che è possibile impostare: larghezza di riga, stile dash, antialias, ecc. Per approfondire l'argomento è consigliato consultare la documentazione a corredo della libreria.

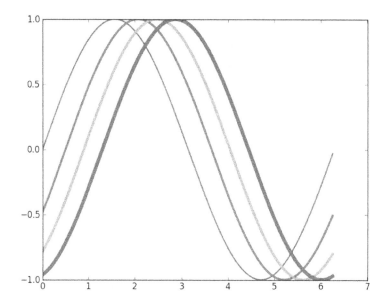

Figura 12.7 – Spessori di linea diversi.

Vediamo qualche semplice esempio per apprezzarne le caratteristiche. Ad esempio riconsideriamo l'esempio trattato in precedenza in cui abbiamo tracciato più curve nello stesso grafico. Questa volta attribuiremo ad ogni curva un nome e poi andremo a settarne le impostazioni:

```
>>> import matplotlib.pyplot as plt
>>> t=arange(0,2*pi,pi/100)
>>> y1 = sin(t)
```

```
>>> y2 = sin(t - .50)
>>> y3 = sin(t - .9)
>>> y4 = sin(t - 1.3)
>>> linea1=plt.plot(t,y1,linewidth=2.0)
>>> linea2=plt.plot(t,y2,linewidth=3.0)
>>> linea3=plt.plot(t,y3,linewidth=4.0)
>>> linea4=plt.plot(t,y4,linewidth=5.0)
>>> plt.show()
```

Ottenendo così un grafico in cui le curve saranno tracciate con spessori di linea progressivamente più grandi (Figura 12. 7).
Con pyplot è inoltre possibile settare le impostazioni delle curve che vengono tracciate, attribuendo ad ognuna di esse oppure a gruppi di esse una serie di parametri.

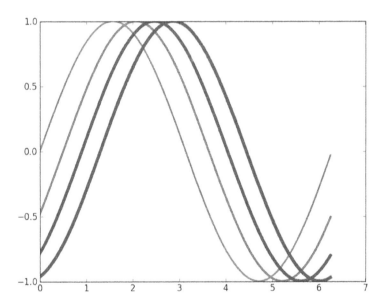

Figura 12.8 – Impostazioni con il, comando setp().

Infatti il comando `setp()` ci permette di impostare i parametri relativi ad un gruppo di curve. Vediamolo praticamente sfruttando le curve appena definite:

```
>>> import matplotlib.pyplot as plt
>>> t=arange(0,2*pi,pi/100)
>>> y1 = sin(t)
>>> y2 = sin(t - .50)
>>> y3 = sin(t - .9)
>>> y4 = sin(t - 1.3)
>>> gruppo1=plt.plot(t,y1,t,y2)
```

```
>>> gruppo2=plt.plot(t,y3,t,y4)
>>> plt.setp(gruppo1,color='r',linewitdh=2.0)
>>> plt.setp(gruppo2,color='b',linewitdh=4.0)
>>> plt.show()
```

In questo modo avremo tracciato le prime due curve in rosso con una linea di spessore 2 e le alter due in blu con spessore pari a 4 (Figura 12.08).

Grafici multipli

Il comando `subplot` permette di mostrare grafici multipli nella stessa finestra o di stamparli sullo stesso foglio. Infatti, digitando:

```
>>> plt.subplot(m,n,p)
```

si trasforma la finestra del grafico in una matrice `m` x `n` di piccoli `subplot` (grafici) e si seleziona il `pth` `subplot` come `plot` corrente. La virgola che separa il numero identificativo delle righe da quello delle colonne e da quello del grafico corrente è opzionale nel senso che il comando `subplot(2,2,1)` equivale al comando `subplot(221)`.

I grafici sono numerati prima lungo la prima riga della finestra, poi lungo la seconda riga e così via. Per esempio, per scomporre il tracciato di dati in quattro subregioni diverse della finestra e per tracciare in ogni subplot i grafici delle funzioni `sin`, `cos`, `tan` e **atan**, si eseguono le seguenti linee di codice:

```
import matplotlib.pyplot as plt
t=arange(0,2*pi,pi/100)
y1 = sin(t)
y2 = cos(t)
y3 = tan(t)
y4 = atan(t)
plt.subplot(2,2,1)
plt.plot(t,y1,'r')
plt.subplot(2,2,2)
plt.plot(t,y2,'b')
plt.subplot(2,2,3)
plt.plot(t,y3,'g')
plt.subplot(2,2,4)
plt.plot(t,y4,'c')
plt.show()
```

per ottenere il grafico riportato nella Figura 12. 9.

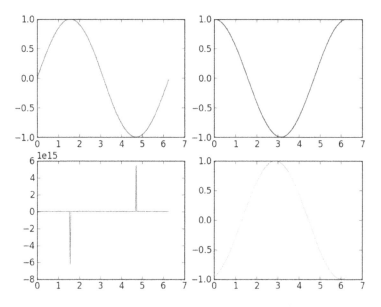

Figura 12.9 – Grafici multipli.

È possibile creare più figure utilizzando il comando `figure()`, chiamando le figure successive con un numero crescente. Naturalmente, ogni figura può contenere un qualsivoglia numero di assi e grafici multipli.

```python
from numpy import *
from math import *
import matplotlib.pyplot as plt
t=arange(0,2*pi,pi/100)
y1 = sin(t)
y2 = cos(t)
y3 = tan(t)
y4 = atan(t)
plt.figure(1)
plt.subplot(2,1,1)
plt.plot(t,y1,'r')
plt.subplot(2,1,2)
plt.plot(t,y2,'b')
plt.figure(2)
plt.subplot(2,1,1)
plt.plot(t,y3,'g')
plt.subplot(2,1,2)
plt.plot(t,y4,'c')
plt.show()
```

In questo modo si ottengono le finesre riportate nell Figura 12.10.

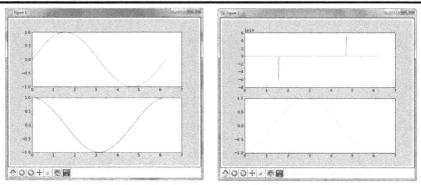

Figura 12.10 – Visualizzazione di grafici in finestre diverse.

Se si desidera invece, ripulire uno dei grafici presenti nel tracciato multiplo, senza modificare gli altri, si potrà utilizzare la funzione cla(); va applicata subito dopo aver tracciato il grafico; in particolare nell'esempio che segue, opereremo nel senso di ripulire il primo grafico mantenendo inalterati gli altri (Figura 12.11).

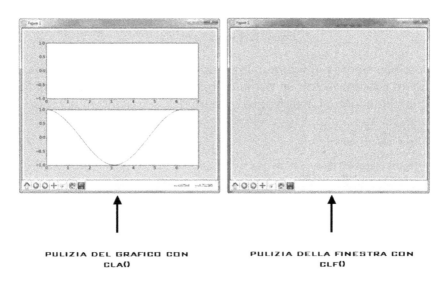

Figura 12.11 – Pulizia del grafico e della finestra.

```
from numpy import *
from math import *

import matplotlib.pyplot as plt
t=arange(0,2*pi,pi/100)
y1 = sin(t)
y2 = cos(t)
y3 = tan(t)
y4 = atan(t)
```

```
plt.figure(1)
plt.subplot(2,1,1)
plt.plot(t,y1,'r')
plt.cla()
plt.subplot(2,1,2)
plt.plot(t,y2,'b')
plt.figure(2)
plt.subplot(2,1,1)
plt.plot(t,y3,'g')
plt.subplot(2,1,2)
plt.plot(t,y4,'c')
plt.show()
```

Mentre se si vuole ripulire l'intera finestra dovremo applicare il comando `clf()` (Figura 12.11).

Nell'esempio che segue avremo ripulito l'intera `figura(1)`.

```
from numpy import *
from math import *
import matplotlib.pyplot as plt
t=arange(0,2*pi,pi/100)
y1 = sin(t)
y2 = cos(t)
y3 = tan(t)
y4 = atan(t)
plt.figure(1)
plt.subplot(2,1,1)
plt.plot(t,y1,'r')
plt.subplot(2,1,2)
plt.plot(t,y2,'b')
plt.clf()
plt.figure(2)
plt.subplot(2,1,1)
plt.plot(t,y3,'g')
plt.subplot(2,1,2)
plt.plot(t,y4,'c')
plt.show()
```

Assi

Il comando `axis()` ci permette di manipolare gli assi del nostro grafico. Essa possiede opzioni per personalizzare la misurazione in scala, l'orientamento e il rapporto d'aspetto dei tracciati. Pyplot trova i massimi e i minimi dei dati, sceglie una plot-box adatta e identifica gli assi con delle etichette (label).

Se digitiamo il comando `axis()` al prompt otteniamo i limiti degli assi correnti nel formato [xmin xmax ymin ymax]:

```
>>> plt.axis()
```

```
(0.0, 1.0, 0.0, 1.0)
```

mentre per impostare i limiti degli assi si digita:

```
>> axis([xmin xmax ymin ymax])
```

ad esempio scrivendo:

```
>>> plt.axis([0,5,0,5])
[0, 5, 0, 5]
>>> plt.axis()
(0.0, 5.0, 0.0, 5.0)
```

Il comando `axis()` accetta anche dei parametri per il controllo degli assi. Per esempio:

```
>>> plt.axis('off')
```

Cancella le linee rappresentative degli assi e le relative etichette. Mentre il comando seguente:

```
>>> plt.axis('equal')
```

impone che gli incrementi per ogni marcatore su x e y siano uguali. La seguente istruzione:

```
>>> plt.axis('scaled')
```

ci fornisce lo stesso risultato imponendo la grandezza della plot box in luogo dei limiti degli assi.

```
>>> plt.axis('tight')
```

Infine il comando precedente modifica in tempo relale i limiti degli assi x e y in modo da visualizzare tutti i dati presenti.

Titolo, etichette degli assi e testo

I comandi xlabel(), ylabel() aggiungono etichette agli assi x e y, mentre il comando title() aggiunge un titolo nella parte alta della figura, infine la funzione text() inserisce testo ovunque nella figura. Un sottoinsieme di notazioni del linguaggio TEX produce lettere greche, simboli matematici e font alternativi.

L'esempio seguente usa la notazione \leq per rappresentare il simbolo <=, la notazione \pi per rappresentare il simbolo π e, infine, la notazione \it per rappresentare il testo in stile corsivo, in ogni caso è necessario inserire tali notazioni tra i simboli $, mentre il simbolo r serve per indicare di trattare in modo corretto il simbolo \:

```
from numpy import *
from math import *
import matplotlib.pyplot as plt
t=arange(0,2*pi,pi/100)

y = sin(t)
plt.plot(t,y)
plt.axis([-pi,pi,-1,1])
plt.xlabel(r'-$\pi \leq \itt \leq \pi$')
plt.ylabel('sin(t)')
plt.title('Grafico della funzione sin')
plt.text(1,-1/3,'\it{Funzione dispari}')
plt.show()
```

Per quanto riguarda l'inserimento del testo abbiamo dovuto indicare la posizione in cui inserire il testo. Tale posizione si specifica indicando la x e la y, tenendo in conto i limiti degli assi che sono stati specificati. Nel nostro caso abbiamo fissato x=1 e y=-1/3.

Possiamo altresì inserire del testo nel nostro grafico utilizzando il metodo annotate(), che ci pemette di inserire del testo ed una freccia che punta ad una posizione specifica del disegno. Nell'inserimento di un'annotazione dovremo precisare con attenzione la posizione della freccia e la posizione del testo. Vediamo il tutto inserendo un'annotazione nel grafico appena visto (Figura 12.13).

```
import numpy as  np
import matplotlib.pyplot as plt
t=np.arange(-2*np.pi,2*np.pi,np.pi/100)
y = np.sin(t)
plt.plot(t,y)
plt.axis([-np.pi,np.pi,-1,1])
plt.xlabel(r'-$\pi \leq \itt \leq \pi$')
plt.ylabel('sin(t)')
plt.title('Grafico della funzione sin')
plt.text(1,-1/3,'$\it${Funzione dispari}')
```

```
    plt.annotate ('Massimo della funzione', xy=(1.5, 1), xytext=(-2,0.5), arro-
wprops=dict(facecolor='black', shrink=0.02),)
    plt.show()
```

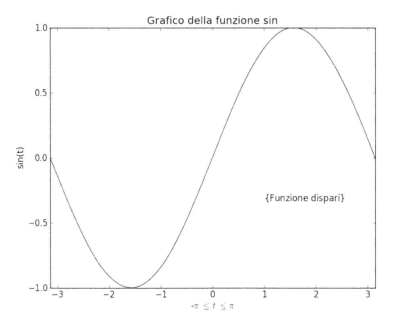

Figura 12.12 – Titolo, etichette sugli assi e testo in un grafico

Salvare un grafico

Una volta realizzato un grafico, potremmo avvertire l'esigenza di salvare la figura creata, magari con l'intento di poterla utilizzare in un'altra applicazione oppure per inserirla in una presentazione o ancora per realizzare una relazione corredata dai grafici realizzati con Pyplot. In tutti questi casi ci sarà utile il comando `savefig()`. Vediamo la sintassi del comando:

```
savefig('fname', dpi=None, facecolor='w', edgecolor='w',
        orientation='portrait', papertype=None, format=None,
        transparent=False, bbox_inches=None, pad_inches=0.1)
```

dove:
- fname = stringa con il nome ed il percorso del file;
- dpi = risoluzione dell'immagine;

- facecolor/ edgecolor = il colore del rettangolo della figura;
- orientation = orientamento delle figura;
- papertype = formato di stampa;
- format = un formato d'immagine supportato (png, pdf, ps, eps e svg)
- trasparent = trasparenza della figura;
- bbox_inches = dimensioni del rettangolo della figura;
- pad_inches = spazio tra il margine della figura ed il grafico.

I formati in cui salvare la figura sono molteplici: png, emf, eps, jpg, pdf, pgf, ps, raw,svg,tif. Vediamo nello specifico il comando di salvataggio:

```
plt.savefig('fig1.png', format='png',pad_inches=2)
```

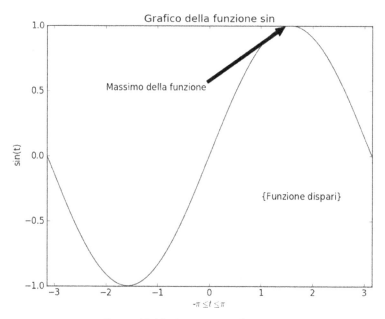

Figura 12.13 –Inserimento di annotazioni